职业教育汽车车身修复专业(方向)理实一体化教材

Qiche Chexian Chakan yu Dingsun
汽车车险查勘与定损

彭 莹　纪世才　**主　编**
公延春　张　玺　郇延建　**副主编**
　　　　刘学明　**主　审**

人民交通出版社股份有限公司
北京

内 容 提 要

本书涵盖了汽车保险承保及理赔的知识，客观地反映了目前国内汽车车险查勘与定损的实际状况和具体方法，内容全面，实用性强。全书分为六大项目，内容包括车险理赔认知、车辆碰撞损伤评估、车险事故现场查勘、车险事故定损核损、特殊车险事故查勘与定损、车险赔偿处理。

本书可作为职业院校汽车车身修复专业（方向）专业教材，也可作为从事汽车保险的工作人员及汽车评估人员的学习和参考资料。

图书在版编目(CIP)数据

汽车车险查勘与定损/彭莹，纪世才主编.—北京：
人民交通出版社股份有限公司，2021.8
ISBN 978-7-114-17416-2

Ⅰ.①汽⋯ Ⅱ.①彭⋯②纪⋯ Ⅲ.①汽车保险—理赔—中国 Ⅳ.①F842.634

中国版本图书馆 CIP 数据核字(2021)第 122497 号

书　　名：	汽车车险查勘与定损
著 作 者：	彭　莹　纪世才
责任编辑：	时　旭
责任校对：	孙国靖　卢　弦
责任印制：	刘高彤
出版发行：	人民交通出版社股份有限公司
地　　址：	(100011)北京市朝阳区安定门外外馆斜街 3 号
网　　址：	http://www.ccpcl.com.cn
销售电话：	(010)59757973
总 经 销：	人民交通出版社股份有限公司发行部
经　　销：	各地新华书店
印　　刷：	北京市密东印刷有限公司
开　　本：	787×1092　1/16
印　　张：	16.25
字　　数：	284 千
版　　次：	2021 年 8 月　第 1 版
印　　次：	2021 年 8 月　第 1 次印刷
书　　号：	ISBN 978-7-114-17416-2
定　　价：	42.00 元

(有印刷、装订质量问题的图书由本公司负责调换)

为贯彻落实《国家职业教育改革实施方案》《职业教育提质培优行动计划(2020—2023年)》精神,结合《教育部关于职业院校专业人才培养方案制订与实施工作的指导意见》(教职成〔2019〕13号)、《职业院校教材管理办法》等文件要求,深化职业教育教学改革,积极推进课程改革和教材建设,满足职业教育发展的新需求,人民交通出版社股份有限公司组织全国职业院校汽车相关专业的骨干教师及相关企业的专业人员,编写了本套职业教育汽车车身修复专业(方向)理实一体化教材。

《汽车车险查勘与定损》全书内容覆盖了当前汽车保险理赔工作中所需要的基本理论、基本方法和基本技能,在编写时,力求体现以下特色:

(1)瞄准汽车后市场对高素质汽车查勘与定损人才岗位知识和技能的要求,以国家职业标准为依据,以职业能力培养为核心进行课程内容的科学整合,科学地确定教材的知识目标、能力目标、课程思政目标,合理安排教材的知识架构。

(2)注重理论分析方法的实用性和可操作性,强调理论教学与技能训练的密切结合,强调学生创造性思维与实践动手能力的培养,借助企业培训资料丰富教材内容。

(3)教材融入思想政治教育元素,实现专业知识与思想道德教育的有机融合。

(4)满足职业资格认证需求,满足"1+X"汽车营销评估与金融保险服务技术考核需求。

(5)部分知识点配有二维码链接动画资源,有助于学生更形象地理解相关内容。

本书涵盖了汽车保险承保及理赔的知识,客观地反映了目前国内汽车车险查勘与定损的实际状况和具体方法,内容全面,实用性强。全书分为六大项目,项目一为车险理赔认知,介绍了交强险条款、商业车险条款、车险理赔原则与流程认知等内容;项目二为车辆碰撞损伤评估,讲解了车身结构的认知、事故车辆碰撞损坏分析、车辆板件的损伤评估、机械和电气部件的损伤评估等专业知识;项目三为车险事故现场查勘,介绍了车险事故现场查勘的基本流程和程序;项目四为车险事故定损核损流程,介绍了车险事故维修方案、维修金额、人身伤亡损失的确定和电子定损系统的使用。项目五为特殊车险事故的查勘与定损,介绍了水灾、火灾、玻璃单独破碎、盗抢事故的查勘与定损;项目六为车险赔偿处理,介绍了交强险、商业车险赔款理算及车险的核赔处理。本书内容既有一定的理论深度,又有很强的实践性,每个学习任务中有专门的实践操作项目,是从事汽车保险工作的从业人员及汽车评估人员学习和参考的学习资料。

本书由山东交通职业学院彭莹和纪世才担任主编,由济宁职业技术学院公延春、新疆交通职业技术学院张玺、山东交通技师学院郇延建担任副主编;由河北科技工程职业技术大学刘学明教授担任主审。

在本书编写过程中,还得到了平安保险、安盛保险、潍坊广宝、圣宝等公司行业专家的鼎力协助;同时参考了有关文献资料,谨向这些作者表示诚挚的谢意。

由于水平所限,书中不当之处在所难免,恳请读者批评指正。

编 者
2021 年 4 月

目录

项目一 车险理赔认知 ·· 1
 学习任务 1 交强险条款解读 ·· 1
 学习任务 2 商业车险条款解读 ·· 16
 学习任务 3 车险理赔原则与流程认知 ···································· 31

项目二 车辆碰撞损伤评估 ··· 44
 学习任务 4 车身结构认知 ··· 44
 学习任务 5 事故车辆碰撞损坏分析 ······································· 57
 学习任务 6 车辆板件的损伤评估 ··· 70
 学习任务 7 机械和电气部件的损伤评估 ································ 79

项目三 车险事故现场查勘 ··· 89
 学习任务 8 车险事故现场痕迹物证鉴别 ································ 89
 学习任务 9 车险事故现场照片拍摄 ······································· 102
 学习任务 10 缮制车险事故现场查勘报告 ····························· 110
 学习任务 11 车险欺诈案件的现场查勘处理 ·························· 123

项目四 车险事故定损核损 ··· 133
 学习任务 12 车险事故维修方案的确定 ································· 133
 学习任务 13 车险事故维修金额的确定 ································· 144
 学习任务 14 车险事故人身伤亡损失的确定 ·························· 157
 学习任务 15 电子定损系统的使用 ··· 167

项目五 特殊车险事故查勘与定损 ··· 181
 学习任务 16 水灾事故的查勘与定损 ···································· 181
 学习任务 17 火灾事故的查勘与定损 ···································· 194
 学习任务 18 玻璃单独破碎事故的查勘与定损 ····················· 206
 学习任务 19 盗抢事故的查勘与定损 ···································· 213

项目六　车险赔偿处理 ·· 221
　　学习任务 20　交强险赔款理算 ··· 221
　　学习任务 21　商业车险赔款理算 ·· 234
　　学习任务 22　车险的核赔处理 ··· 244
参考文献 ·· 254

项目一 车险理赔认知

学习任务1 交强险条款解读

学习目标

☆**知识目标**
1. 理解交强险的保险责任及责任免除；
2. 掌握交强险的责任限额；
3. 理解交强险保费的计算方法。

☆**技能目标**
1. 能够分析交强险理赔案例；
2. 能够计算不同车型的交强险保费；
3. 能够缮制交强险保单。

☆**课程思政目标**
1. 认识风险,树立风险意识；
2. 理解保险的互助精神,提高价值认同。

建议课时

2课时。

任务描述

赵先生于2020年2月2日在4S店购买了一辆家用轿车并在4S店内购买了车险。在保险期限内,赵先生一直安全驾驶,没有出过事故。现在车险快要到期了,他找到4S店的保险专员,预办理续保业务。请你为赵先生缮制交强险保单,并解答赵先生的疑问。

一、理论知识准备

(一) 交强险发展历程

自2006年7月1日起,在中华人民共和国境内道路上行驶的机动车的所有人或者管理人,应当依照规定投保交强险(全称机动车交通事故责任强制保险)。自2007年7月1日起,在全国范围内统一实行交强险费率浮动与道路交通事故相联系。2008年2月1日,中国保险监督管理委员会(以下简称中国保监会)发布关于调整交强险责任限额的公告。2012年12月17日,国务院决定对《机动车交通事故责任强制保险条例》作出修改,挂车不投保机动车交通事故责任强制保险,自2013年3月1日起施行。2014年12月,北京地区在全国率先实施了商业车险电子保单试点。2016年12月,北京地区全面启动机动车辆保险(包括交强险和商业车险)电子保单试点。2020年,中国银行保险监督管理委员会(以下简称中国银保监会)发布《关于调整交强险责任限额和费率浮动系数的公告》,发布了新的责任限额方案和费率浮动系数方案,明确自2020年9月19日0时后发生道路交通事故的新、老交强险保单均按照新的责任限额执行。

(二)交强险保险条款

交强险解读

1. 交强险条款术语定义

(1)被保险人。交强险合同中的被保险人是指投保人及其允许的合法驾驶人。

(2)投保人。交强险合同中的投保人是指与保险人订立交强险合同,并按照合同负有支付保险费义务的机动车的所有人、管理人。

(3)受害人。交强险合同中的受害人是指因被保险机动车发生交通事故遭受人身伤亡或者财产损失的人,但不包括被保险机动车本车车上人员、被保险人。

(4)责任限额。交强险合同中的责任限额是指被保险机动车发生交通事故,保险人对每次保险事故所有受害人的人身伤亡和财产损失所承担的最高赔偿金额。责任限额分为死亡伤残赔偿限额、医疗费用赔偿限额、财产损失赔偿限额以及被保险人在道路交通事故中无责任的赔偿限额。其中,无责任的赔偿限额分为无责任死亡伤残赔偿限额、无责任医疗费用赔偿限额以及无责任财产损失赔偿限额。

(5)抢救费用。交强险合同中的抢救费用是指被保险机动车发生交通事故导致受害人受伤时,医疗机构对生命体征不平稳和虽然生命体征平稳但如果不采取处理措施会产生生命危险,或者导致残疾、器官功能障碍,或者导致病程明显延长的受害人,参照国务院卫生主管部门组织制定的交通事故人员创伤临床诊疗指南和国家基本医疗保险标准,采取必要的处理措施所发生的医疗费用。

2. 保险责任

在中华人民共和国境内(不含港、澳、台地区),被保险人在使用被保险机动车过程中发生交通事故,致使受害人遭受人身伤亡或者财产损失的,依法应当由被保险人承担的损害赔偿责任,保险人按照交强险合同的约定对每次事故在下列赔偿限额内负责赔偿:死亡伤残赔偿限额为180000元;医疗费用赔偿限额为18000元;财产损失赔偿限额为2000元;被保险人无责任时,无责任死亡伤残赔偿限额为18000元;无责任医疗费用赔偿限额为1800元;无责任财产损失赔偿限额为100元。

死亡伤残赔偿限额和无责任死亡伤残赔偿限额项下负责赔偿丧葬费、死亡补偿费、受害人亲属办理丧葬事宜支出的交通费用、残疾赔偿金、残疾辅助器具费、护理费、康复费、交通费、被扶养人生活费、住宿费、误工费,被保险人依照法院判决或者调解承担的精神损害抚慰金。

医疗费用赔偿限额和无责任医疗费用赔偿限额项下负责赔偿医药费、诊疗费、住院费、住院伙食补助费,必要的、合理的后续治疗费、整容费、营养费。

3. 垫付与追偿

被保险机动车在下列情形下发生交通事故,造成受害人受伤需要抢救的,保险人在接到公安机关交通管理部门的书面通知和医疗机构出具的抢救费用清单后,按照国务院卫生主管部门组织制定的交通事故人员创伤临床诊疗指南和国家基本医疗保险标准进行核实。对于符合规定的抢救费用,保险人在医疗费用赔偿限额内垫付。被保险人在交通事故中无责任的,保险人在无责任医疗费用赔偿限额内垫付。对于其他损失和费用,保险人不负责垫付和赔偿:

(1)驾驶人未取得驾驶资格的;

(2)驾驶人醉酒驾驶的;

(3)被保险机动车被盗抢期间肇事的;

(4)被保险人故意制造交通事故的。

对于垫付的抢救费用,保险人有权向致害人追偿。

4. 责任免除

下列损失和费用,交强险不负责赔偿和垫付:

(1)因受害人故意造成的交通事故的损失;

(2)被保险人所有的财产及被保险机动车上的财产遭受的损失;

(3)被保险机动车发生交通事故,致使受害人停业、停驶、停电、停水、停气、停产、通信或者网络中断、数据丢失、电压变化等造成的损失以及受害人财产因市场价格变动造成的贬值、修理后因价值降低造成的损失等其他各种间接损失；

（4）因交通事故产生的仲裁或者诉讼费用以及其他相关费用。

(三) 交强险保费计算

1. 交强险一年期基础保费的计算

投保一年期机动车交通事故责任强制保险的，根据《机动车交通事故责任强制保险基础费率表》中对应的金额确定基础保费。2008年版《机动车交通事故责任强制保险基础费率表》见表1-1。

2008年版《机动车交通事故责任强制保险基础费率表》 表1-1

车辆大类	序号	车辆明细分类	保费（元）
一、家庭自用车	1	家庭自用汽车6座以下	950
	2	家庭自用汽车6座及以上	1100
二、非营业客车	3	企业非营业汽车6座以下	1000
	4	企业非营业汽车6~10座	1130
	5	企业非营业汽车10~20座	1220
	6	企业非营业汽车20座以上	1270
	7	机关非营业汽车6座以下	950
	8	机关非营业汽车6~10座	1070
	9	机关非营业汽车10~20座	1140
	10	机关非营业汽车20座以上	1320
三、营业客车	11	营业出租租赁6座以下	1800
	12	营业出租租赁6~10座	2360
	13	营业出租租赁10~20座	2400
	14	营业出租租赁20~36座	2560
	15	营业出租租赁36座以上	3530

续上表

车辆大类	序号	车辆明细分类	保费(元)
三、营业客车	16	营业城市公交6~10座	2250
	17	营业城市公交10~20座	2520
	18	营业城市公交20~36座	3020
	19	营业城市公交36座以上	3140
	20	营业公路客运6~10座	2350
	21	营业公路客运10~20座	2620
	22	营业公路客运20~36座	3420
	23	营业公路客运36座以上	4690
四、非营业货车	24	非营业货车2t以下	1200
	25	非营业货车2~5t	1470
	26	非营业货车5~10t	1650
	27	非营业货车10t以上	2220
五、营业货车	28	营业货车2t以下	1850
	29	营业货车2~5t	3070
	30	营业货车5~10t	3450
	31	营业货车10t以上	4480
六、特种车	32	特种车一	3710
	33	特种车二	2430
	34	特种车三	1080
	35	特种车四	3980
七、摩托车	36	摩托车50mL及以下	80
	37	摩托车50~250mL(含)	120
	38	摩托车250mL以上及侧三轮	400

续上表

车辆大类	序号	车辆明细分类	保费(元)
八、拖拉机	39	兼用型拖拉机14.7kW及以下	按保监产险〔2007〕53号实行地区差别费率
	40	兼用型拖拉机14.7kW以上	
	41	运输型拖拉机14.7kW及以下	
	42	运输型拖拉机14.7kW以上	

(1)非营业客车。非营业客车是指党政机关、企事业单位、社会团体、使领馆等机构从事公务或在生产经营活动中不以直接或间接方式收取运费或租金的客车,包括党政机关、企事业单位、社会团体、使领馆等机构为从事公务或在生产经营活动中承租且租赁期限为1年或1年以上的客车。非营业客车分为党政机关、事业团体客车,企业客车。用于驾驶教练、邮政公司用于邮递业务、快递公司用于快递业务的客车,以及警车、普通囚车、医院的普通救护车、殡葬车,按照其行驶证上载明的核定载客数,适用对应的企业非营业客车的费率。

(2)非营业货车。非营业货车是指党政机关、企事业单位、社会团体自用或仅用于个人及家庭生活,不以直接或间接方式收取运费或租金的货车(包括客货两用车)。货车是指载货机动车、厢式货车、半挂牵引车、自卸车、电瓶运输车、装有起重机械但以载重为主的起重运输车。用于驾驶教练、邮政公司用于邮递业务、快递公司用于快递业务的货车,按照其行驶证上载明的核定载质量,适用对应的非营业货车的费率。

(3)特种车。特种车一包括油罐车、汽罐车、液罐车;特种车二包括专用净水车、特种车一以外的罐式货车,以及用于清障、清扫、清洁、起重、装卸、升降、搅拌、挖掘、推土、冷藏、保温等的各种专用机动车;特种车三包括装有固定专用仪器设备从事专业工作的监测、消防、运钞、医疗、电视转播等的各种专用机动车;特种车四指集装箱拖头。

(4)挂车。挂车根据实际的使用性质并按照对应吨位货车的30%计算。装置有油罐、汽罐、液罐的挂车按特种车一的30%计算。

(5)拖拉机。拖拉机按其使用性质不同,分为兼用型拖拉机和运输型拖拉机。兼用型拖拉机是指以田间作业为主,通过铰接连接牵引挂车可进行运输作业的拖拉机。兼用型拖拉机分为14.7kW及以下和14.7kW以上两种。运输型拖拉机是指货箱与底盘一体,不通过牵引挂车可运输作业的拖拉机。运输型拖拉机分为14.7kW及以下和14.7kW以上两种。低速载货汽车参照14.7kW以上运输型拖拉机的费率执行。

(6)其他。2008年版《机动车交通事故责任强制保险基础费率表》中各车型的座位和吨位的分类都按照"含起点不含终点"的原则来解释(表中另有说明的除外)。各车型的座位按行驶证上载明的核定载客数计算;吨位按行驶证上载明的核定载质量计算。

2. 交强险短期基础保费的计算

投保保险期间不足一年的机动车交通事故责任强制保险的,按短期费率系数计收保险费,不足一个月按一个月计算。具体计算方法为:先按2008年版《机动车交通事故责任强制保险基础费率表》中相对应的金额确定基础保险费,再根据投保期限选择相对应的短期月费率系数(表1-2),两者相乘即为短期基础保险费。

交强险短期月费率系数表　　　　　　　　　　　　表1-2

保险期间(月)	1	2	3	4	5	6	7	8	9	10	11	12
短期月费率系数(%)	10	20	30	40	50	60	70	80	85	90	95	100

3. 交强险费率浮动办法

交强险基础费率浮动因素和浮动比率按照《机动车交通事故责任强制保险费率浮动暂行办法》执行。与道路交通事故相联系的浮动比率 X 为 $X_1 \sim X_6$ 其中之一,不累加。同时满足多个浮动因素的,按照向上浮动或者向下浮动比率的高者计算。

(1)费率调整方案A。内蒙古、海南、青海、西藏4个地区实行费率调整方案A,见表1-3。

交强险费率调整方案A　　　　　　　　　　　　表1-3

挂　钩		浮动因素	浮动比率(%)
与道路交通事故相联系的费率调整方案A	A1	上一个年度未发生有责任道路交通事故	-30
	A2	上两个年度未发生有责任道路交通事故	-40
	A3	上三个及以上年度未发生有责任道路交通事故	-50

续上表

挂　钩		浮动因素	浮动比率（%）
与道路交通事故相联系的费率调整方案A	A4	上一个年度发生一次有责任不涉及死亡的道路交通事故	0
	A5	上一个年度发生两次及两次以上有责任道路交通事故	10
	A6	上一个年度发生有责任道路交通死亡事故	30

（2）费率调整方案B。陕西、云南、广西3个地区实行费率调整方案B，见表1-4。

交强险费率调整方案B　　　表1-4

挂　钩		浮动因素	浮动比率（%）
与道路交通事故相联系的费率调整方案B	B1	上一个年度未发生有责任道路交通事故	－25
	B2	上两个年度未发生有责任道路交通事故	－35
	B3	上三个及以上年度未发生有责任道路交通事故	－45
	B4	上一个年度发生一次有责任不涉及死亡的道路交通事故	0
	B5	上一个年度发生两次及两次以上有责任道路交通事故	10
	B6	上一个年度发生有责任道路交通死亡事故	30

（3）费率调整方案C。甘肃、吉林、山西、黑龙江、新疆5个地区实行费率调整方案C，见表1-5。

（4）费率调整方案D。北京、天津、河北、宁夏4个地区实行费率调整方案D，见表1-6。

交强险费率调整方案 C

表1-5

挂钩		浮动因素	浮动比率（%）
与道路交通事故相联系的费率调整方案 C	C1	上一个年度未发生有责任道路交通事故	-20
	C2	上两个年度未发生有责任道路交通事故	-30
	C3	上三个及以上年度未发生有责任道路交通事故	-40
	C4	上一个年度发生一次有责任不涉及死亡的道路交通事故	0
	C5	上一个年度发生两次及两次以上有责任道路交通事故	10
	C6	上一个年度发生有责任道路交通死亡事故	30

交强险费率调整方案 D

表1-6

挂钩		浮动因素	浮动比率（%）
与道路交通事故相联系的费率调整方案 D	D1	上一个年度未发生有责任道路交通事故	-15
	D2	上两个年度未发生有责任道路交通事故	-25
	D3	上三个及以上年度未发生有责任道路交通事故	-35
	D4	上一个年度发生一次有责任不涉及死亡的道路交通事故	0
	D5	上一个年度发生两次及两次以上有责任道路交通事故	10
	D6	上一个年度发生有责任道路交通死亡事故	30

（5）费率调整方案 E。江苏、浙江、安徽、上海、湖南、湖北、江西、辽宁、河南、福建、重庆、山东、广东、深圳、厦门、四川、贵州、大连、青岛、宁波20个地区实行费率调整方案 E，见表1-7。

交强险费率调整方案 E 　　　表 1-7

挂　　钩		浮　动　因　素	浮动比率（%）
与道路交通事故相联系的费率调整方案 E	E1	上一个年度未发生有责任道路交通事故	−10
	E2	上两个年度未发生有责任道路交通事故	−20
	E3	上三个及以上年度未发生有责任道路交通事故	−30
	E4	上一个年度发生一次有责任不涉及死亡的道路交通事故	0
	E5	上一个年度发生两次及两次以上有责任道路交通事故	10
	E6	上一个年度发生有责任道路交通死亡事故	30

4. 交强险最终保险费计算

交强险最终保险费 = 基础保费 × (1 + 与道路交通事故相联系的浮动比率 X)，X 取方案 A ~ E 其中之一对应的值。

5. 解除交强险合同的保费计算办法

根据《机动车交通事故责任强制保险条例》规定，解除保险合同时，保险人应按如下标准计算退还投保人保险费：

(1) 投保人已交纳保险费，但保险责任尚未开始的，全额退还保险费；

(2) 投保人已交纳保险费，但保险责任已开始的，退回未到期责任部分保险费，退还保险费 = 保险费 × (1 − 已了责任天数/保险期间天数)。

(四) 交强险投保、批改和退保业务

1. 交强险投保业务

投保人投保时，应当向保险公司如实告知重要事项。重要事项包括机动车的种类、厂牌型号、识别代码、牌照号码、使用性质和机动车所有人或者管理人的姓名(名称)、性别、年龄、住所、身份证或者驾驶证号码(组织机构代码)、续保前该机动车发生事故的情况以及保监会规定的其他事项。

签订机动车交通事故责任强制保险合同时，投保人一次支付全部保险费，保

险公司向投保人签发保险单、保险标志。目前,车险实行电子保单,包括交强险电子保单、电子交强险标志、商业车险电子保单。交强险保险单(电子保单)范本参见表1-8。

交强险保险单(电子保单)　　　　　　表1-8

保险单号:

被保险人						
	被保险人身份证号码(组织机构代码)					
地址				联系电话		
被保险机动车	号牌号码		机动车种类		使用性质	
	发动机号码		识别代码(车架号)			
	厂牌型号		核定载客	人	核定载质量	kg
	排量		功率		登记日期	
责任限额	死亡伤残赔偿限额		180000元	无责任死亡伤残赔偿限额		18000元
	医疗费用赔偿限额		18000元	无责任医疗费用赔偿限额		1800元
	财产损失赔偿限额		2000元	无责任财产损失赔偿限额		100元
与道路交通安全违法行为和道路交通事故相联系的浮动比率　　　%						
保险费合计(人民币大写):　　　(¥　　元)其中救助基金(　%)¥:　　　元						
保险期间自　年　月　日　时起至　年　月　日　时止						
保险合同争议解决方式						
代收车船税	整备质量		纳税人识别号			
	当年应缴	¥:　　元	往年补缴	¥:　　元	滞纳金	¥:　　元
	合计(人民币大写):				(¥:　　元)	
	完税凭证号(减免税证明号)			开具税务机关		
特别约定						
特别提示:除法律法规另有约定外,投保人拥有保险合同解除权,涉及(减)退保费的,退还给投保人。						
本保单投保人为:						
重要提示	1.请详细阅读保险条款,特别是责任免除和投保人、被保险人义务。 2.收到本保险单后,请立即核对,如有不符或疏漏,请及时通知保险人并办理变更或补充手续。 3.保险费应一次性交清,请您及时核对保险单和发票(收据),如有不符,请及时与保险人联系。 4.投保人应如实告知对保险费计算有影响的或被保险机动车因改装、加装、改变使用性质等导致危险程度增加的重要事项,并及时通知保险人办理批改手续。 5.被保险人应当在交通事故发生后及时通知保险人。						
保险人	公司名称: 公司地址: 邮政编码:　　　服务电话:　　　签单日期:　　　(保险人签章)						

核保:　　　　　　　制单:　　　　　　　　　　　　经办:

2. 交强险批改业务

在保险合同有效期内,被保险机动车因改装、加装、使用性质改变等导致危险程度增加的,被保险人应当及时通知保险人,并办理批改手续。否则,保险人按照保单年度重新核定保险费计收。被保险机动车所有权发生转移的,投保人应当及时通知保险人,并办理交强险合同变更手续。

3. 交强险退保业务

保险公司不得解除机动车交通事故责任强制保险合同,但是,投保人对重要事项未履行如实告知义务的除外。投保人对重要事项未履行如实告知义务,保险公司解除合同前,应当书面通知投保人,投保人应当自收到通知之日起5日内履行如实告知义务;投保人在上述期限内履行如实告知义务的,保险公司不得解除合同。保险公司解除机动车交通事故责任强制保险合同的,应当收回保险单和保险标志,并书面通知机动车管理部门。

投保人不得解除机动车交通事故责任强制保险合同,但有下列情形之一的除外:

(1) 被保险机动车被依法注销登记的;

(2) 被保险机动车办理停驶的;

(3) 被保险机动车经公安机关证实丢失的。

机动车交通事故责任强制保险合同解除前,保险公司应当按照合同承担保险责任。合同解除时,保险公司可以收取自保险责任开始之日起至合同解除之日止的保险费,剩余部分的保险费应退还投保人。

二、任务实施

1. 准备工作

(1) 检查投保证件、保险单证、笔等实训材料是否备齐;

(2) 检查实训室计算机、车险软件系统、打印机是否正常工作。

2. 技术要求与注意事项

(1) 按流程操作车险软件系统;

(2) 根据投保证件正确录入被保险人及车辆信息;

(3) 根据客户情况计算交强险保费,并作出必要说明;

(4) 缮制并打印交强险保单,保单要素齐全。

3. 操作步骤

(1) 登录保险软件,进入新建保单界面;

(2) 录入被保险人信息;

(3) 录入被保险机动车信息;

(4) 录入与道路交通事故相联系的浮动比率;

(5) 录入交强险保险费;

(6) 录入保险期间;

(7) 录入保险合同争议解决方式;

(8) 录入代收车船税信息;

(9) 录入特别约定内容;

(10) 录入保险人信息;

(11) 提交保单;

(12) 搜索、查看并打印交强险保单。

三、学习拓展

(一) 车船税

车船税是指对在我国境内应依法到公安、交通、农业、渔业、军事等管理部门办理登记的车辆、船舶,根据其种类,按照规定的计税依据和年税额标准计算征收的一种财产税。从2007年7月1日开始,"有车族"需要在投保交强险时缴纳车船税。

车辆的具体适用税额由省、自治区、直辖市人民政府按照国务院的规定,在《中华人民共和国车船税法》所附《车船税税目税额表》规定的税额幅度内确定,对符合标准的新能源车船免征车船税,对符合标准的节能汽车减半征收车船税。

(二) 道路交通事故社会救助基金

《道路交通事故社会救助基金管理试行办法》(财政部令第56号)规定,有下列情形之一时,道路交通事故中受害人人身伤亡的丧葬费用、部分或者全部抢救费用,由道路交通事故社会救助基金(以下简称救助基金)先行垫付,救助基金管理机构有权向道路交通事故责任人追偿:

(1) 抢救费用超过机动车交通事故责任强制保险责任限额的;

(2) 肇事机动车未参加机动车交通事故责任强制保险的;

(3) 机动车肇事后逃逸的。

救助基金的来源包括:

(1) 按照交强险保险费的一定比例提取的资金；
(2) 地方政府按照保险公司经营交强险缴纳营业税数额给予的财政补助；
(3) 对未按照规定投保交强险的机动车的所有人、管理人的罚款；
(4) 救助基金孳息；
(5) 救助基金管理机构依法向机动车道路交通事故责任人追偿的资金；
(6) 社会捐款；
(7) 其他资金。

需要救助基金垫付部分或者全部抢救费用的，公安机关交通管理部门应当在3个工作日内书面通知救助基金管理机构。救助基金管理机构收到公安机关交通管理部门垫付通知和医疗机构垫付尚未结算抢救费用的申请及相关材料后，应当在5个工作日内进行审核，对符合垫付要求的，救助基金管理机构应当将相关费用划入医疗机构账户。

需要救助基金垫付丧葬费用的，由受害人亲属凭处理该道路交通事故的公安机关交通管理部门出具的《尸体处理通知书》和本人身份证明向救助基金管理机构提出书面垫付申请。救助基金管理机构收到丧葬费用垫付申请和有关证明材料后，对符合垫付要求的，应当在3个工作日内按照有关标准垫付丧葬费用，并书面告知处理该道路交通事故的公安机关交通管理部门。对无主或者无法确认身份的遗体，由公安部门按照有关规定处理。

四、评价与反馈

1. 自我评价

(1) 通过本学习任务的学习，你是否已经知道如下问题的答案？
① 被保险人有责任时，交强险的分项责任限额是多少？
_____。
② 被保险人无责任时，交强险的分项责任限额是多少？
_____。

(2) 交强险的最终保费受哪些因素的影响？
_____。

(3) 实训过程完成情况如何？
_____。

(4) 通过本学习任务的学习，你认为自己的知识和技能还有哪些欠缺？
_____。

签名：_____　　　　　　　　　　　___年___月___日

2. 小组评价

表1-9为技能评价表。

技能评价表　　　　　　　　　　表1-9

序号	评价项目	评价情况
1	是否能合理规范地使用车险软件系统	
2	是否能按照规范的流程操作	
3	是否能遵守学习、实训场地的规章制度	
4	是否能够保持学习、实训场地整洁	
5	团结协作情况	

参与评价的同学签名：_____　　　___年___月___日

3. 教师评价

_____。

签名：_____　　　___年___月___日

五、技能考核标准

考核的方式建议用每个人独立完成学习领域中的实训任务，培养学生独立自主完成任务的能力。实训任务综合性较强，可以根据学生完成实训任务的情况评价整个学习领域的学习效果。表1-10为技能考核标准表。

技能考核标准表　　　　　　　　　表1-10

序号	项目	操作内容	规定分	评分标准	得分
1	缮制交强险保单	登录保险软件，进入新建保单界面	2分	按流程操作，每步骤1分	
2		录入被保险人信息	8分	被保险人信息录入是否正确，每项2分	
3		录入被保险机动车信息	22分	被保险机动车信息录入是否正确，每项2分	
4		录入与道路交通事故相联系的浮动比率	10分	交强险浮动比率是否正确，此项10分	

续上表

序号	项目	操作内容	规定分	评分标准	得分
5	缮制交强险保单	录入交强险保险费	13分	交强险保险费是否正确，此项10分；救助基金是否正确，此项3分	
6		录入保险期间	10分	保险起、止日期录入是否正确，每项5分	
7		录入保险合同争议解决方式	5分	正确录入保险合同争议解决方式，得5分	
8		录入代收车船税信息	10分	是否正确录入代收车船税信息，每项2分	
9		录入特别约定内容	5分	正确录入特别约定内容，得5分	
10		录入保险人信息	5分	录入信息是否齐全，每项1分	
11		提交保单	5分	完成保单提交，得5分	
12		搜索、查看并打印交强险保单	5分	完成保单打印，得5分	
		总分	100分		

学习任务2　商业车险条款解读

学习目标

☆**知识目标**

1. 掌握车损险、商业三者险和车上人员责任险的保险责任和责任免除；
2. 理解各附加险的保险责任及责任免除。

项目一　车险理赔认知

☆技能目标
1. 能够分析商业车险理赔案例；
2. 能够缮制商业车险保单。
☆课程思政目标
1. 理解保险在经济和社会发展中发挥的作用，提升价值认同感；
2. 了解保险行业发展现状，增强民族企业自豪感。

 建议课时

4 课时。

建议课时

2020 年 2 月 2 日，赵先生在 4S 店购买了一辆家用轿车并在 4S 店内购买了车险。在保险期限内，赵先生一直安全驾驶，没有出过事故。现在车险快要到期了，他找到 4S 店的保险专员，打算投保机动车损失保险、机动车第三者责任保险、机动车车上人员责任险，附加机动车增值服务特约条款。请你为赵先生缮制商业车险保单，并解答赵先生的疑问。

一、理论知识准备

（一）商业车险发展历程

我国汽车保险业务的发展经历了一个曲折的历程。自 2015 年 6 月 1 日起，各财产保险公司在黑龙江、山东、广西、重庆、陕西、青岛 6 个试点地区全面启用新版商业车险条款费率，建立以行业示范条款为主、创新型条款为辅的条款形成机制，建立行业车险纯风险保费、无赔款优待 NCD 费率调整系数等费率基准，不断扩大保险公司定价自主权。2016 年 1 月，第二批改革试点扩展到安徽等 12 个地区，2016 年 6 月商业车险改革在全国范围内实施。2018 年 3 月，中国保监会撤销，同年 5 月中国银保监会成立。2020 年 8 月，中国保险行业协会发布《商业车险综合示范条款(2020 版)征求意见稿》，该条款正式版于 2020 年 9 月 19 日起实施。

（二）主险

车辆损失险解读

1. 机动车损失保险

被保险机动车是指在中华人民共和国境内(不含港、澳、台地区)行驶，以动

力装置驱动或者牵引,上道路行驶的供人员乘用或者用于运送物品以及进行专项作业的轮式车辆(含挂车)、履带式车辆和其他运载工具,但不包括摩托车、拖拉机、特种车。

1) 保险责任

保险期间,被保险人或被保险机动车驾驶人(以下简称驾驶人)在使用被保险机动车过程中,因自然灾害、意外事故造成被保险机动车直接损失,且不属于免除保险人责任的范围,保险人依照保险合同的约定负责赔偿。

保险期间,被保险机动车被盗窃、抢劫、抢夺,经出险地县级以上公安刑侦部门立案证明,满60天未查明下落的全车损失,以及因被盗窃、抢劫、抢夺受到损坏造成的直接损失,且不属于免除保险人责任的范围,保险人依照保险合同的约定负责赔偿。

发生保险事故时,被保险人或驾驶人为防止或者减少被保险机动车的损失所支付的必要的、合理的施救费用,由保险人承担;施救费用数额在被保险机动车损失赔偿金额以外另行计算,最高不超过保险金额。

2) 责任免除

在保险责任范围内,下列情况下,不论任何原因造成被保险机动车的任何损失和费用,保险人均不负责赔偿:

(1) 事故发生后,被保险人或驾驶人故意破坏、伪造现场,毁灭证据;驾驶人有下列情形之一者:

①交通肇事逃逸;

②饮酒、吸食或注射毒品、服用国家管制的精神药品或者麻醉药品;

③无驾驶证,驾驶证被依法扣留、暂扣、吊销、注销期间;

④驾驶与驾驶证载明的准驾车型不相符合的机动车。

(2) 被保险机动车有下列情形之一者:

①发生保险事故时被保险机动车行驶证、号牌被注销;

②被扣留、收缴、没收期间;

③竞赛、测试期间,在营业性场所维护、修理、改装期间;

④被保险人或驾驶人故意或重大过失,导致被保险机动车被利用从事犯罪行为。

(3) 下列原因导致的被保险机动车的损失和费用,保险人不负责赔偿:

①战争、军事冲突、恐怖活动、暴乱、污染(含放射性污染)、核反应、核辐射;

②违反安全装载规定;

③被保险机动车被转让、改装、加装或改变使用性质等,导致被保险机动车

危险程度显著增加,且未及时通知保险人,因危险程度显著增加而发生保险事故的;

④投保人、被保险人或驾驶人故意制造保险事故。

(4)下列损失和费用,保险人不负责赔偿:

①因市场价格变动造成的贬值、修理后因价值降低引起的减值损失;

②自然磨损、朽蚀、腐蚀、故障、本身质量缺陷;

③投保人、被保险人或驾驶人知道保险事故发生后,故意或者因重大过失未及时通知,致使保险事故的性质、原因、损失程度等难以确定的,保险人对无法确定的部分,不承担赔偿责任,但保险人通过其他途径已经知道或者应当及时知道保险事故发生的除外;

④因被保险人违反《商业车险综合示范条款(2020版)》第十五条约定,导致无法确定的损失;

⑤车轮单独损失,无明显碰撞痕迹的车身划痕,以及新增加设备的损失;

⑥非全车盗抢。

2. 机动车第三者责任保险

第三者是指因被保险机动车发生意外事故遭受人身伤亡或者财产损失的人,但不包括被保险机动车本车车上人员、被保险人。

商业第三者责任险解读

1)保险责任

保险期间,被保险人或其允许的驾驶人在使用被保险机动车过程中发生意外事故,致使第三者遭受人身伤亡或财产直接损毁,依法应当对第三者承担的损害赔偿责任,且不属于免除保险人责任的范围,保险人依照保险合同的约定,对超过机动车交通事故责任强制保险各分项赔偿限额的部分负责赔偿。

保险人依据被保险机动车一方在事故中所负的事故责任比例,承担相应的赔偿责任。

被保险人或被保险机动车一方根据有关法律法规选择自行协商或由公安机关交通管理部门处理事故,但未确定事故责任比例的,按照下列规定确定事故责任比例:

(1)被保险机动车一方负主要事故责任的,事故责任比例为70%;

(2)被保险机动车一方负同等事故责任的,事故责任比例为50%;

(3)被保险机动车一方负次要事故责任的,事故责任比例为30%;

(4)涉及司法或仲裁程序的,以法院或仲裁机构最终生效的法律文书为准。

2)责任免除

在保险责任范围内,下列情况下,不论任何原因造成的人身伤亡、财产损失

和费用,保险人均不负责赔偿:

(1)事故发生后,被保险人或驾驶人故意破坏、伪造现场、毁灭证据;驾驶人有下列情形之一者:

①交通肇事逃逸;

②饮酒、吸食或注射毒品、服用国家管制的精神药品或者麻醉药品;

③无驾驶证,驾驶证被依法扣留、暂扣、吊销、注销期间;

④驾驶与驾驶证载明的准驾车型不相符合的机动车;

⑤非被保险人允许的驾驶人。

(2)被保险机动车有下列情形之一者:

①发生保险事故时被保险机动车行驶证、号牌被注销的;

②被扣留、收缴、没收期间;

③竞赛、测试期间,在营业性场所维护、修理、改装期间;

④全车被盗窃、被抢劫、被抢夺、下落不明期间。

(3)下列原因导致的人身伤亡、财产损失和费用,保险人不负责赔偿:

①战争、军事冲突、恐怖活动、暴乱、污染(含放射性污染)、核反应、核辐射;

②第三者、被保险人或驾驶人故意制造保险事故、犯罪行为,第三者与被保险人或其他致害人有恶意串通的行为;

③被保险机动车被转让、改装、加装或改变使用性质等,导致被保险机动车危险程度显著增加,且未及时通知保险人,因危险程度显著增加而发生保险事故的。

(4)下列人身伤亡、财产损失和费用,保险人不负责赔偿:

①被保险机动车发生意外事故,致使任何单位或个人停业、停驶、停电、停水、停气、停产、通信或网络中断、电压变化、数据丢失造成的损失以及其他各种间接损失;

②第三者财产因市场价格变动造成的贬值,修理后因价值降低引起的减值损失;

③被保险人及其家庭成员、驾驶人及其家庭成员所有、承租、使用、管理、运输或代管的财产的损失,以及本车上财产的损失;

④被保险人、驾驶人、本车车上人员的人身伤亡;

⑤停车费、保管费、扣车费、罚款、罚金或惩罚性赔款;

⑥超出《道路交通事故受伤人员临床诊疗指南》和国家基本医疗保险同类医疗费用标准的费用部分;

⑦律师费、未经保险人事先书面同意的诉讼费、仲裁费;

⑧投保人、被保险人或驾驶人知道保险事故发生后,故意或者因重大过失未及时通知,致使保险事故的性质、原因、损失程度等难以确定的,保险人对无法确定的部分,不承担赔偿责任,但保险人通过其他途径已经知道或者应当及时知道保险事故发生的除外;

⑨因被保险人违反《商业车险综合示范条款(2020版)》第二十八条约定,导致无法确定的损失;

⑩精神损害抚慰金;

⑪应当由机动车交通事故责任强制保险赔偿的损失和费用。

保险事故发生时,被保险机动车未投保机动车交通事故责任强制保险或机动车交通事故责任强制保险合同已经失效的,对于机动车交通事故责任强制保险责任限额以内的损失和费用,保险人不负责赔偿。

3. 机动车车上人员责任保险

车上人员是指发生意外事故的瞬间,在被保险机动车车体内或车体上的人员,包括正在上下车的人员。

1) 保险责任

保险期间,被保险人或其允许的驾驶人在使用被保险机动车过程中发生意外事故,致使车上人员遭受人身伤亡,且不属于免除保险人责任的范围,依法应当对车上人员承担的损害赔偿责任,保险人依照保险合同的约定负责赔偿。

车上人员责任险解读

保险人依据被保险机动车一方在事故中所负的事故责任比例,承担相应的赔偿责任。

被保险人或被保险机动车一方根据有关法律法规,选择自行协商或由公安机关交通管理部门处理事故,但未确定事故责任比例的,按照下列规定确定事故责任比例:

(1) 被保险机动车一方负主要事故责任的,事故责任比例为70%;

(2) 被保险机动车一方负同等事故责任的,事故责任比例为50%;

(3) 被保险机动车一方负次要事故责任的,事故责任比例为30%;

(4) 涉及司法或仲裁程序的,以法院或仲裁机构最终生效的法律文书为准。

2) 责任免除

在上述保险责任范围内,下列情况下,不论任何原因造成的人身伤亡,保险人均不负责赔偿:

(1) 事故发生后,被保险人或驾驶人故意破坏、伪造现场,毁灭证据;驾驶人有下列情形之一者:

①交通肇事逃逸；
②饮酒、吸食或注射毒品、服用国家管制的精神药品或者麻醉药品；
③无驾驶证,驾驶证被依法扣留、暂扣、吊销、注销期间；
④驾驶与驾驶证载明的准驾车型不相符合的机动车；
⑤非被保险人允许的驾驶人。

(2) 被保险机动车有下列情形之一者：
①发生保险事故时被保险机动车行驶证、号牌被注销的；
②被扣留、收缴、没收期间；
③竞赛、测试期间,在营业性场所维护、修理、改装期间；
④全车被盗窃、被抢劫、被抢夺、下落不明期间。

(3) 下列原因导致的人身伤亡,保险人不负责赔偿：
①战争、军事冲突、恐怖活动、暴乱、污染(含放射性污染)、核反应、核辐射；
②被保险机动车被转让、改装、加装或改变使用性质等,导致被保险机动车危险程度显著增加,且未及时通知保险人,因危险程度显著增加而发生保险事故的；
③投保人、被保险人或驾驶人故意制造保险事故。

(4) 下列人身伤亡、损失和费用,保险人不负责赔偿：
①被保险人及驾驶人以外的其他车上人员的故意行为造成的自身伤亡；
②车上人员因疾病、分娩、自残、斗殴、自杀、犯罪行为造成的自身伤亡；
③罚款、罚金或惩罚性赔款；
④超出《道路交通事故受伤人员临床诊疗指南》和国家基本医疗保险同类医疗费用标准的费用部分；
⑤律师费,未经保险人事先书面同意的诉讼费、仲裁费；
⑥投保人、被保险人或驾驶人知道保险事故发生后,故意或者因重大过失未及时通知,致使保险事故的性质、原因、损失程度等难以确定的,保险人对无法确定的部分,不承担赔偿责任,但保险人通过其他途径已经知道或者应当及时知道保险事故发生的除外；
⑦精神损害抚慰金；
⑧应当由机动车交通事故责任强制保险赔付的损失和费用。

(三) 附加险

附加险解读

附加险条款的法律效力优于主险条款。附加险条款未尽事宜,以主险条款为准。

1. 附加绝对免赔率特约条款

绝对免赔率为5%、10%、15%、20%,由投保人和保险人在投保时协商确定,具体以保险单载明为准。被保险机动车发生主险约定的保险事故,保险人按照主险的约定计算赔款后,扣减本特约条款约定的免赔。

2. 附加车轮单独损失险

投保了机动车损失保险的机动车,可投保本附加险。

1) 保险责任

保险期间,被保险人或被保险机动车驾驶人在使用被保险机动车过程中,因自然灾害、意外事故,导致被保险机动车未发生其他部位的损失,仅有车轮(含轮胎、轮毂、轮毂罩)单独的直接损失,且不属于免除保险人责任的范围,保险人依照本附加险合同的约定负责赔偿。

2) 责任免除

(1) 车轮(含轮胎、轮毂、轮毂罩)的自然磨损、朽蚀、腐蚀、故障、本身质量缺陷;

(2) 未发生全车盗抢,仅车轮单独丢失。

3. 附加新增加设备损失险

投保了机动车损失保险的机动车,可投保本附加险。

1) 保险责任

保险期间,投保了本附加险的被保险机动车,因发生机动车损失保险责任范围内的事故,造成车上新增加设备的直接损毁,保险人在保险单载明的本附加险的保险金额内,按照实际损失计算赔偿。

2) 保险金额

保险金额根据新增加设备投保时的实际价值确定。新增加设备的实际价值是指新增加设备的购置价减去折旧金额后的金额。

4. 附加车身划痕损失险

投保了机动车损失保险的机动车,可投保本附加险。

1) 保险责任

保险期间,被保险机动车在被保险人或被保险机动车驾驶人使用过程中,发生无明显碰撞痕迹的车身划痕损失,保险人按照保险合同约定负责赔偿。

2) 责任免除

(1) 被保险人及其家庭成员、驾驶人及其家庭成员的故意行为造成的损失;

(2)因投保人、被保险人与他人的民事、经济纠纷导致的任何损失;

(3)车身表面自然老化、损坏,腐蚀造成的任何损失。

3)保险金额

保险金额为2000元、5000元、10000元或20000元,由投保人和保险人在投保时协商确定。

5. 附加修理期间费用补偿险

投保了机动车损失保险的机动车,可投保本附加险。

1)保险责任

保险期间,投保了本条款的机动车在使用过程中,发生机动车损失保险责任范围内的事故,造成车身损毁,致使被保险机动车停驶,保险人按保险合同约定,在保险金额内向被保险人补偿修理期间费用,作为代步车费用或弥补停驶损失。

2)责任免除

(1)因机动车损失保险责任范围以外的事故而致被保险机动车的损毁或修理;

(2)非在保险人认可的修理厂修理时,因车辆修理质量不合要求造成返修;

(3)被保险人或驾驶人拖延车辆送修期间。

6. 附加发动机进水损坏除外特约条款

投保了机动车损失保险的机动车,可投保本附加险。保险期间,投保了本附加险的被保险机动车在使用过程中,因发动机进水后导致的发动机的直接损毁,保险人不负责赔偿。

7. 附加车上货物责任险

投保了机动车第三者责任保险的营业货车(含挂车),可投保本附加险。

1)保险责任

保险期间,发生意外事故致使被保险机动车所载货物遭受直接损毁,依法应由被保险人承担的损害赔偿责任,保险人负责赔偿。

2)责任免除

(1)偷盗、哄抢、自然损耗、本身缺陷、短少、死亡、腐烂、变质、串味、生锈,动物走失、飞失、货物自身起火燃烧或爆炸造成的货物损失;

(2)违法、违章载运造成的损失;

(3)因包装、紧固不善,装载、遮盖不当导致的任何损失;

(4)车上人员携带的私人物品的损失;

(5)保险事故导致的货物减值、运输延迟、营业损失及其他各种间接损失；

(6)法律、行政法规禁止运输的货物的损失。

8.附加精神损害抚慰金责任险

投保了机动车第三者责任保险或机动车车上人员责任保险的机动车,可投保本附加险。在投保人仅投保机动车第三者责任保险的基础上附加本附加险时,保险人只负责赔偿第三者的精神损害抚慰金；在投保人仅投保机动车车上人员责任保险的基础上附加本附加险时,保险人只负责赔偿车上人员的精神损害抚慰金。

1)保险责任

保险期间,被保险人或其允许的驾驶人在使用被保险机动车的过程中,发生投保的主险约定的保险责任内的事故,造成第三者或车上人员的人身伤亡,受害人据此提出精神损害赔偿请求,保险人依据法院判决及保险合同约定,对应由被保险人或被保险机动车驾驶人支付的精神损害抚慰金,在扣除机动车交通事故责任强制保险应当支付的赔款后,在本保险赔偿限额内负责赔偿。

2)责任免除

(1)根据被保险人与他人的合同协议,应由他人承担的精神损害抚慰金；

(2)未发生交通事故,仅因第三者或本车人员的惊恐而引起的损害；

(3)怀孕妇女的流产发生在交通事故发生之日起 30 天以外的。

9.附加法定节假日限额翻倍险

投保了机动车第三者责任保险的家庭自用汽车,可投保本附加险。保险期间,被保险人或其允许的驾驶人在法定节假日期间使用被保险机动车发生机动车第三者责任保险范围内的事故,并经公安部门或保险人查勘确认的,被保险机动车第三者责任保险所适用的责任限额在保险单载明的基础上增加一倍。

10.附加医保外医疗费用责任险

投保了机动车第三者责任保险或机动车车上人员责任保险的机动车,可投保本附加险。

1)保险责任

保险期间,被保险人或其允许的驾驶人在使用被保险机动车的过程中,发生主险保险事故,对于被保险人依照中华人民共和国法律(不含港、澳、台地区法律)应对第三者或车上人员承担的医疗费用,保险人对超出《道路交通事故受伤人员临床诊疗指南》和国家基本医疗保险同类医疗费用标准的部分负责赔偿。

2)责任免除

(1)在相同保障的其他保险项下可获得赔偿的部分;

(2)所诊治伤情与主险保险事故无关联的医疗、医药费用;

(3)特需医疗类费用。

11. 附加机动车增值服务特约条款

投保了机动车保险后,可投保本特约条款,包括道路救援服务特约条款、车辆安全检测特约条款、代为驾驶服务特约条款、代为送检服务特约条款共4个独立的特约条款。

1)道路救援服务特约条款

保险期间,被保险机动车在使用过程中发生故障而丧失行驶功能时,保险人或其受托人根据被保险人请求,向被保险人提供如下道路救援服务:

(1)单程50km以内拖车;

(2)送油、送水、送防冻液、搭电;

(3)轮胎充气、更换轮胎;

(4)车辆脱离困境所需的拖拽、吊车。

2)车辆安全检测特约条款

保险期间,为保障车辆安全运行,保险人或其受托人根据被保险人请求,为被保险机动车提供车辆安全检测服务,车辆安全检测项目包括:

(1)发动机检测(机油、空滤、燃油、冷却等);

(2)变速器检测;

(3)转向系统检测(含车轮定位测试、轮胎动平衡测试);

(4)底盘检测;

(5)轮胎检测;

(6)汽车玻璃检测;

(7)汽车电子系统检测(全车电控电器系统检测);

(8)车内环境检测;

(9)蓄电池检测;

(10)车辆综合安全检测。

3)代为驾驶服务特约条款

保险期间,保险人或其受托人根据被保险人请求,在被保险人或其允许的驾驶人因饮酒、服用药物等原因无法驾驶或存在重大安全驾驶隐患时提供单程30km以内的短途代驾服务。

4)代为送检服务特约条款

保险期间,按照《中华人民共和国道路交通安全法实施条例》,被保险机动车需由机动车安全技术检验机构实施安全技术检验时,根据被保险人请求,由保险人或其受托人代替车辆所有人进行车辆送检。

二、任务实施

1. 准备工作

(1)检查投保证件、保险单证、笔等实训材料是否备齐;
(2)检查实训室计算机、车险软件系统、打印机是否正常工作。

2. 技术要求与注意事项

(1)按流程操作车险软件系统;
(2)根据投保证件正确录入被保险人及车辆信息;
(3)根据客户情况计算商业车险保费,并作出必要说明;
(4)缮制并打印商业车险保单,保单要素齐全。

3. 操作步骤

(1)登录保险软件,进入新建保单界面;
(2)录入被保险人信息;
(3)录入被保险机动车信息;
(4)录入承保险种信息;
(5)录入商业车险保险费;
(6)录入保险期间;
(7)录入特别约定内容;
(8)录入保险合同争议解决方式;
(9)录入保险人信息;
(10)提交保单;
(11)搜索、查看并打印商业车险保单。

三、学习拓展

(一)商业车险投保、批改和退保业务

目前车险实行电子保单,机动车综合商业保险保险单(电子保单)范本见表2-1。

机动车综合商业保险保险单(电子保单)　　表 2-1

行驶证车主：_____　　　保单号：_____

鉴于投保人已向保险人提出投保申请,并同意按约定交付保险费,保险人依照承保险种及其对应条款和特别约定承担赔偿责任。

被保险人信息	以下信息来源于您的投保申请,是为您提供理赔及售后服务的重要依据,请务必仔细核对,如果有错误或遗漏请立即拨打××电话进行修改。			
	姓名：	证件类型：	证件号码：	出生日期：
	性别：	联系电话：	通信地址：	E-Mail：
保险车辆情况	号牌号码		厂牌型号	
	VIN码/车架号		车辆种类	
	发动机号		核定载客　　　人	核定载质量　　　kg
	初次登记日期		年平均行驶里程　　　km	使用性质
	行驶区域		已使用年限　　年	新车购置价　　　元

承保险种	绝对免赔率	费率浮动	保险金额/责任限额(元)	保险费小计(元)

保险费合计(人民币大写)：　　　　　　　　　　　　　　　　　　(¥：　　　元)

保险期间自____年____月____日0时起至____年____月____日24时止

特别提示:除法律另有规定外,投保人拥有保险合同解除权,涉及(减)退保费的,退还给投保人。

特别约定	
保险合同争议解决方式	
重要提示	1.本保险合同由保险条款、投保单、批单和特别约定组成。 2.收到本保险单、承保险种对应的保险条款后,请立即核对,如有不符或疏漏,请及时通知保险人并办理变更或补充手续。 3.请详细阅读承保险种对应的保险条款,特别是责任免除和赔偿处理。 4.被保险机动车因改装、加装、改变使用性质等导致危险程度增加以及转卖、转让、赠送他人的,应通知保险人。 5.被保险人应当在交通事故发生后及时通知保险人。
保险人	公司名称：　　　　　　　　　　公司地址： 邮政编码：　　　　　　　　　　联系电话：　　　　　　网址： 签单日期：　　　　　　　　(保险人签章)

核保：　　　　　　　　　　制单：　　　　　　　　　　经办：

在保险期间,被保险机动车转让他人的,受让人承继被保险人的权利和义务。被保险人或者受让人应当及时通知保险人,并及时办理保险合同变更手续。

保险责任开始前,投保人要求解除本保险合同的,应当向保险人支付应交保险费金额3%的退保手续费,保险人应当退还保险费。保险责任开始后,投保人要求解除本保险合同的,自通知保险人之日起,本保险合同解除。保险人按日收取自保险责任开始之日起至合同解除之日止期间的保险费,并退还剩余部分保险费。

(二) 商业车险保费计算

商业车险保费 = 基准保费 × 费率调整系数

基准保费 = 基准纯风险保费/(1 - 附加费用率)

费率调整系数 = 无赔款优待系数(NCD系数) × 交通违法系数 × 自主定价系数

NCD系数根据客户近三年投保及理赔情况,可划分为不同等级。交通违法系数由各省(自治区、直辖市)确定是否使用。目前自主定价系数值为0.65~1.35。

四、评价与反馈

1. 自我评价

(1)通过本学习任务的学习,你是否已经知道如下问题的答案?

①商业车险的主险有哪些险种?

_____。

②商业车险的附加险有哪些险种?

_____。

(2)商业车险的最终保费受哪些因素的影响?

_____。

(3)实训过程完成情况如何?

_____。

(4)通过本学习任务的学习,你认为自己的知识和技能还有哪些欠缺?

_____。

签名:_____　　　　　____年____月____日

2. 小组评价

表 2-2 为技能评价表。

技能评价表　　　　　　　表 2-2

序号	评价项目	评价情况
1	是否能合理规范的使用车险软件系统	
2	是否能按照规范的流程操作	
3	是否能遵守学习、实训场地的规章制度	
4	是否能够保持学习、实训场地整洁	
5	团结协作情况	

参与评价的同学签名：_____　　___年___月___日

3. 教师评价

_____。

签名：_____　　　　　　　　　　　___年___月___日

五、技能考核标准

考核的方式建议用每个人独立完成学习领域中的实训任务，培养学生独立自主完成任务的能力。实训任务综合性较强，可以根据学生完成实训任务的情况评价整个学习领域的学习效果。表 2-3 为技能考核标准表。

技能考核标准表　　　　　　　表 2-3

序号	项目	操作内容	规定分	评分标准	得分
1	缮制商业车险保单	登录保险软件，进入新建保单界面	5 分	按流程操作，每步骤 1 分	
2		录入被保险人信息	10 分	被保险人信息录入是否正确，每项 1 分	
3		录入保险车辆信息	20 分	保险车辆信息录入是否正确，每项 2 分	
4		录入承保险种信息	18 分	承保险种信息录入是否正确，每项 2 分	
5		录入商业保险保险费	12 分	商业保险保费录入是否正确，每项 2 分	

续上表

序号	项目	操作内容	规定分	评分标准	得分
6	缮制商业车险保单	录入保险期间	10分	保险起、止日期录入是否正确,每项5分	
7		录入保险合同争议解决方式	5分	正确录入保险合同争议解决方式,得5分	
8		录入特别约定内容	5分	正确录入特别约定内容,得5分	
9		录入保险人信息	5分	录入信息是否齐全,每项1分	
10		提交保单	5分	完成保单提交,得5分	
11		搜索、查看并打印商业车险保单	5分	完成保单打印,得5分	
		总分	100分		

学习任务3　车险理赔原则与流程认知

学习目标

☆**知识目标**

1. 理解保险基本原则的含义;
2. 掌握车险理赔流程;
3. 明确车险理赔各流程工作内容。

☆**技能目标**

1. 能够在承保、理赔工作中应用保险基本原则;
2. 能够按照流程完成车险理赔工作。

☆**课程思政目标**

1. 培养敬业意识,敬畏职业、信守诺言;
2. 遵守职业道德,忠实履行职业义务。

建议课时

2 课时。

任务描述

客户赵先生的车险还有 1 个月就要到期了，4S 店的保险专员小王拨打赵先生的电话商谈续保事宜。请模拟演练此环节，完成车险报价、交易促成，解答赵先生的疑问，并完成签单。

一、理论知识准备

（一）保险基本原则

保险既是一种经济制度，又是一种法律关系。保险业务在运行过程中必须遵循一些基本原则，车险也不例外。

1. 近因原则

1）近因原则的含义

近因原则解读

近因是指在风险和损失之间，导致损失的最直接、最有效、起决定作用的原因，而不是指在时间或空间上与损失结果最接近的原因。

近因原则的基本含义是指在风险与保险标的损失关系中，如果近因属于保险责任，保险人承担赔偿或给付责任；若近因属于除外责任或未保风险，则保险人不负赔偿责任。近因原则是保险理赔过程中必须遵循的重要原则。

2）近因的认定与保险责任的确定

（1）多种原因连续发生造成损失。若损失由多项原因连续发生造成的，且各原因之间的因果关系未中断，那么最先发生并造成一连串事故的原因为近因。如果这些连续的原因都是被保风险，则保险人应承担赔付责任。当这些原因中有除外风险或未保风险时，如果前因是被保风险，后因是除外风险，且后因是前因的必然结果，则保险人应承担赔付责任。如果前因是除外风险，后因是被保风险，且后因是前因的必然结果，则保险人不承担赔付责任。

（2）多种原因同时并存发生造成损失。多种原因同时并存发生造成损失，且各原因的发生无先后之分，对于损失的发生都有直接与实质的影响，那么原则上它们都是损失的近因。如果这些原因都属于被保风险，则保险人承担赔付责任；如果这些原因都属于除外风险，保险人则不承担赔付责任；如果这些原因中既有被保风险，也有除外或未保风险，保险人是否承担赔付责任，则要看损失结果是否容易分解。对于损失结果可以分别计算的,保险人只负责保险风险所致损失的赔付;对于损失结果难以划分的,保险人一般不予赔付。

(3)多种原因间断发生造成损失。多种原因间断发生是指损失是由间断发生的多种原因造成的。如果风险事故的发生与损失之间的因果关系由于另外独立的新的原因介入而中断,则该新原因即为损失的近因。如果该新原因属于保险风险,则保险人应承担赔付责任;如果该新原因属于除外风险,则保险人不承担赔付责任。

2. 最大诚信原则

1)最大诚信原则的含义

最大诚信原则是指保险当事人在订立、履行保险合同的过程中要诚实守信,不得隐瞒有关保险活动的任何重要事实。最大诚信原则是保险合同的基本原则,要求当事人所具有的诚信程度比其他的民事活动更为严格。保险合同必须建立在双方最大诚信的基础上,任何一方如有违反,另一方有权提出合同无效。

2)最大诚信原则的内容

(1)告知。告知是指合同订立之前、订立时及在合同订立之后的有效期内,双方当事人均应如实申报、陈述。告知分为投保人告知和保险人告知两种。

投保人告知是指将保险标的的相关事项和被保险人的有关信息如实陈述给保险人。保险人可以就保险标的或者被保险人的有关情况提出询问,投保人应当如实告知。投保人告知的具体内容包括:合同订立时,根据询问,投保人或被保险人对于已知的与保险标的及其危险有关的重要事实作如实回答;保险合同订立后,如果保险标的的危险增加,被保险人应当及时通知保险人;保险事故发生后,被保险人应及时通知保险人;重复保险的投保人,应将重复保险的相关情况通知保险人;保险标的转让时,投保人应及时通知保险人。

保险人告知是指保险人应当向投保人据实说明保险合同条款内容。保险人告知形式包括明确列明和明确说明两种。明确列明是指保险人只需将保险的主要内容明确列明在保险合同中,即视为已告知被保险人;明确说明是指保险人在明确列明的基础上,还需要对投保人进行明确的提示和正确的解释。

(2)保证。保证是指投保人向保险人作出承诺,保证在保险期间遵守作为或不作为的某些规则,或保证某一事项的真实性。

根据保证事项是否存在进行划分,保证分为确认保证和承诺保证。确认保证是投保人对过去或现在某一特定事实存在或不存在的保证,是对过去或投保当时的事实陈述,不包括保证该事实继续存在的义务。投保人只要事实上陈述不正确,即构成违反保证。承诺保证是投保人对将来某一特定事项的作为或不作为的保证。被保险人违反承诺的保证,保险人自被保险人发生违反保证的行为之日起即可解除合同。

根据保证存在形式的划分,保证分为明示保证和默示保证。

①明示保证,即以保险合同条款的形式出现,是保险合同的内容之一,故为明示。明示保证按照事项内容又可以分为确认保证和承诺保证。确认保证是指投保人对过去或现在某种事态存在或不存在的保证,其所保证的事项不涉及未来。承诺保证是指投保人对将来某一特定投保事项的作为或不作为。

②默示保证,即这种保证的内容在保险合同条款中并不出现,往往以社会上普遍存在或认可的某些行为规范为准则,并将此视作投保人应当保证作为或不作为的承诺,故为默示保证。

(3)弃权和禁止反言。弃权和禁止反言是最大诚信原则对保险人的要求。弃权是指保险人放弃法律或保险合同中规定的某项权利,如拒绝承保的权利、解除保险合同的权利等。禁止反言是指保险人既然放弃了该项权利,就不得向被保险人或受益人再主张这种权利。在保险实务中,弃权和禁止反言一般针对保险人的权利而言,是对保险人及其代理人的行为进行限制。当投保人有明显的违约行为时,保险人有权解除保险合同或者行使其他权利,而保险人放弃这些权利,这就是一种弃权行为,以后保险人不能再就此行为主张权利,因为保险人受到禁止反言的限制。

3. 保险利益原则

1)保险利益原则的含义

保险利益是指投保人对保险标的所具有的法律上承认的利益,它体现了投保人或被保险人与保险标的之间存在的利害关系。

保险利益原则要求投保人或被保险人在保险合同的订立或履行过程中必须具有保险利益,否则合同无效。即投保人只有对保险标的有利益关系,据以签订的保险合同在发生保险事故时,才拥有保险赔偿的请求权。

2)保险利益构成的条件

(1)保险利益必须是合法的利益。合法的利益是指投保人或被保险人对保险标的所具有的利益,必须是法律上承认的利益,而不是违反法律规定,通过不正当手段获得的利益。

(2)保险利益必须是确定的利益。确定的利益是客观存在的、可实现的利益,而不是凭主观臆测、推断可能获得的利益。

(3)保险利益必须是经济利益。经济利益是指投保人或被保险人对保险标的的利益必须是可通过货币计量的利益。

4. 损失补偿原则

损失补偿原则是指在补偿性的保险合同中,当保险事故发生造成保险标的或被保险人损失时,保险人给予被保险人的赔偿数额不能超过被保险人所遭受的经济损失。补偿原则是财产保险理赔的一项基本原则,该原则的实现方式通常有现金赔付、修理、更换和重置等。在具体赔偿时,应以实际损失为限,以保险金额为限,以被保险人对保险标的的保险利益为限。补偿原则有利于防止被保险人通过保险赢利,减少道德风险的发生。

5. 代位追偿原则

1) 代位追偿原则的概念

代位追偿原则是损失补偿原则的派生原则,是指在财产保险中,由于第三者责任导致发生保险事故造成保险标的的损失,保险人按照保险合同的约定履行保险赔偿义务后,依法取得对保险标的的所有权或对保险标的的损失负有责任的第三者的追偿权。

2) 保险双方当事人在代位追偿中的权利和义务

保险人的权利是保险人在赔偿金额范围内代位行使被保险人对第三者请求赔偿的权利。保险人的义务是保险人追偿的权利应当与其赔偿义务等价,如果追得的款项超过赔偿金额,超过部分归被保险人。

在保险赔偿前,被保险人不能放弃对第三者的索赔权。被保险人已经从第三者取得损害赔偿的,保险人赔偿保险金时可以相应地扣减被保险人从第三者已取得的赔偿金额。由于被保险人的过错致使保险人不能行使代位请求赔偿的权利的,保险人可以相应扣减保险赔偿金。被保险人有义务协助保险人向第三者追偿。

3) 物上代位的概念

物上代位是指保险标的遭受风险损失后,一旦保险人履行了对被保险人的赔偿义务,则即刻拥有对保险标的的所有权。物上代位通常产生于对保险标的做推定全损的处理。推定全损是指保险标的遭受保险事故尚未达到完全损毁或完全灭失的状态,但实际全损已不可避免,或者修复和施救费用将超过保险价值,保险人按照全损处理的一种推定性的损失。

保险人物上代位权是通过委付取得的。委付是指当保险标的遭受的损失尚未达到全损,但有全损的可能或其修复费用将超过本身价值时,被保险人向保险人表示愿意将保险标的的所有权转让给保险人,并要求保险人按全损赔偿的一种法律行为。委付是一种放弃物权的一种法律行为。

委付与代位追偿权的区别是,代位追偿是一种权利的转让,保险人在取得这种权利的同时无须承担其他的义务;委付是一种物的转让,保险人在取得财产的所有权的同时,必须承担因获得所有权而带来的各项义务。

6. 分摊原则

1) 分摊原则的概念

在重复保险的前提下,当保险事故发生时,各家承保该保险业务的保险公司要对赔款进行分摊,使被保险人从各家保险公司得到的赔款总额不得超过其实际发生的损失额。分摊原则仅适用于财产保险中的重复保险。重复保险的分摊原则对于防止保险欺诈、降低道德风险具有十分重要的意义。

2) 分摊方式

分摊方式共有3种,即比例分摊方式、限额责任分摊方式和顺序责任方式。

(1) 比例分摊方式。比例分摊方式是由各家保险公司根据自己承保的保险金额来确定损失赔偿的比例。

如被保险人向甲保险公司投保36万元,向乙保险公司投保24万元,两家公司的总保险金额超过了其实际损失金额。对于损失9万元的分摊,甲公司承担60%,即比例为36/(36+24)的责任;乙公司则承担40%,即比例为24/(36+24)的责任。两家公司赔偿总额与实际损失相当,没有任何额外利益,符合损害补偿原则。

(2) 限额责任分摊方式。限额责任分摊方式是指由各家保险公司首先确定在没有重复保险的情况下应付的赔偿限额,通过比较保险金额和保险标的实际损失额得出的最小数额,根据赔偿限额来确定分别承担的损失赔偿的比例。

如甲公司保险金额为36万元,乙公司保险金额为24万元,如损失为30万元,甲公司如需独自面对该损失,其承担的最高赔偿限额是30万元,而乙公司如独自承担该损失的最高赔偿限额是24万元。如两家保险公司一起承担30万元的损失,则:甲保险公司承担的赔偿金额为16.67万元,即{30×[30/(30+24)]};乙保险公司承担的赔偿金额为13.33万元,即{30×[24/(30+24)]}。

(3) 顺序责任方式。顺序责任方式是指根据投保人投保的时间顺序确定保险公司的赔偿顺序。首先由先承保的保险公司对被保险人提供赔偿,如果先承保的保险公司对被保险人的赔偿额不足以弥补被保险人的损失,则由其后承保的保险公司继续赔偿,直至被保险人的损失得到足额的赔偿为止。在顺序责任方式中,每一个保险公司索赔时都不考虑重复保险的情况,即都按照单独承保的情况进行赔付,但是一旦赔偿总金额达到了被保险人的损失额,保险赔偿即终止。

(二) 车险理赔的流程

对于不同的保险公司和不同的业务,车险理赔实务的流程有所差异,但车险理赔工作一般都要经过受理报案及调度、现场查勘及估损、确定保险责任、立案、定损、核损、赔款理算、核赔、结案处理、案卷归档等步骤，如图 3-1 所示。

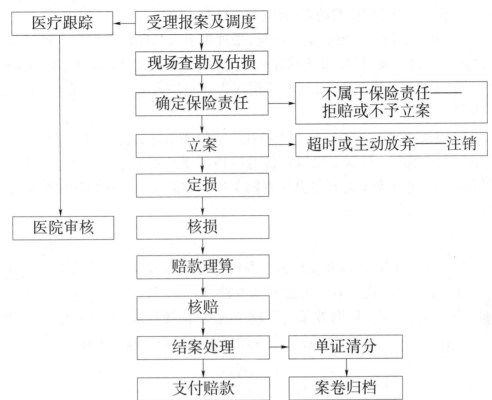

图 3-1　车险理赔的一般流程

1. 受理报案

机动车辆发生保险事故后，被保险人应及时向保险公司报案，除不可抗力因素外，被保险人应在保险事故发生后的 48h 内通知保险公司。通常被保险人可以通过电话、微信公众号、App 等多种方式向保险人的理赔部门进行报案。一旦被保险人向保险人报案，受理报案人员即按照流程开展受理工作，主要工作内容包括：

（1）询问案情与报案登记。报案时，接报案人员应按照出险报案登记表逐项询问并将相关信息录入业务系统。对道路交通事故，指导客户报交警或公安部门处理并提供交通事故责任证明。对于单方责任、未涉及人员伤亡及重大第三者财产损失的事故，告知客户保护现场，并安排现场查勘。

（2）核对保单信息。受理报案人员应查询车辆承保情况，查验出险时间是否在保险期限以内，核对驾驶人是否为保单中约定的驾驶人，初步审核报案人所述事故原因与经过是否属于保险责任等。

对于明显不属于保险责任的，应向客户明确说明，并做好向客户的解释工作，同时在业务系统中记录拒赔或不予受理的理由。对属于保险责任范围内的事故和不能明确确定拒赔的案件,应根据案情确定事故现场查勘或处理的方式,确保事故第一现场证据资料的合法性、完整性和准确性。

(3)查询理赔信息。根据报案情况,受理报案人员应查询车辆承保情况,查询车辆是否重复报案,对在10天内连续2次以上出险的车辆(包括保险车辆和第三者车辆)要进行认真核查,并将有关情况告知查勘人员,要求其在现场查勘时进一步调查。

(4)说明后续理赔安排。报案人员在登记报案信息后,应向被保险人说明索赔程序及注意事项。对属于保险责任范围内的事故和不能明确确定拒赔的案件,通知查勘定损人员赶赴现场开展查勘工作。对需要提供现场救援的案件,应立即安排救援工作。

2. 查勘

承保车辆出险以后,需要查勘人员及时赶赴事故现场会同被保险人及有关部门进行事故现场查勘工作。通过现场查勘,确定事故原因、事故责任、保险责任,初步估计损失情况,协助被保险人现场施救,向被保险人提供索赔指引等工作。应尽量查勘第一现场,图3-2为某保险公司现场查勘操作流程图。

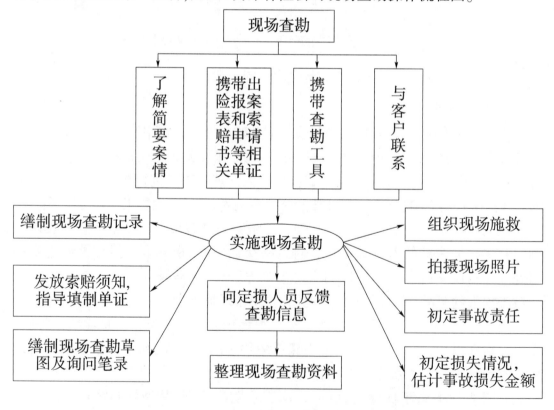

图3-2 某保险公司现场查勘操作流程图

3. 定损

定损是保险理赔工作的重要环节,是赔款理算的基础和前提。定损是对保险事故所造成的损失情况进行现场和专业的调查和查勘,对损失的项目和程度进行客观描述和专业的记录,对损失价值进行确定的过程。保险车辆出险后的定损工作包括车辆损失的确定、人员伤亡费用的确定、其他财产损失的确定、施救费用的确定和残值处理等内容。图 3-3 为定损操作流程图。

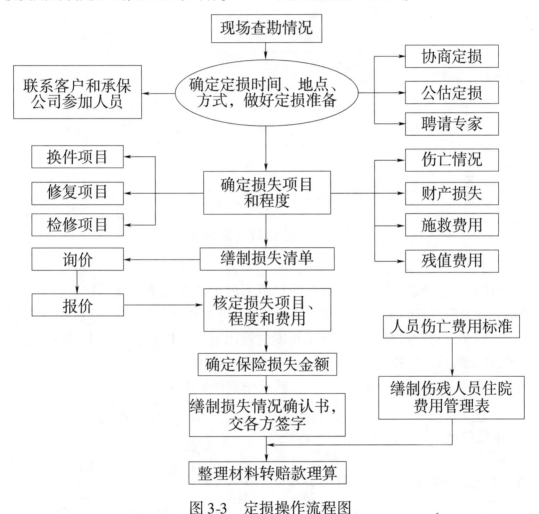

图 3-3 定损操作流程图

4. 核损

核损是指核损人员对保险责任认定,事故中涉及的车辆损失、人员伤亡费用、其他财产损失、施救费用和残值的确定金额的合理性进行复核的过程。

5. 赔款理算

赔款理算是在对提交的索赔资料进行审核的基础上,根据保险条款、事故证明等确定保险责任及赔偿比例计算赔款、缮制赔款计算书的过程。赔款理算流程图如图3-4所示。

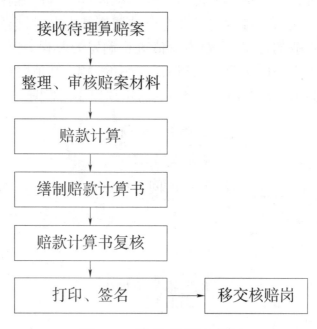

图3-4　赔款理算流程图

6. 核赔

核赔是负责理赔质量的人员在授权范围内按照保险条款及公司内部的有关规章制度对赔案进行审核的工作。通过核赔,可对核保风险控制的效果、防灾防损工作的实施进行监督和检验核赔制度的运用效果。核赔是对整个案件信息的审核,如果确认赔案符合要求则核赔同意,案件审核转入支付环节;如果赔案不符合要求则需退回相应环节处理。核赔操作流程如图3-5所示。

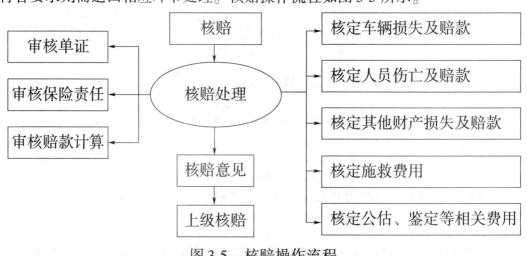

图3-5　核赔操作流程

7. 结案归档

车险理赔案件一案一档,在理赔系统全流程操作的基础上按单证组卷归档形式分为电子卷宗和纸质卷宗。结案归档岗的主要职责为整理单证、结案登记。对涉及追偿的案件,将赔案资料移交追偿岗,并进行登记,以及已决赔案案卷的装订与移交。

二、任务实施

1. 准备工作

(1)检查投保证件、保险单证、笔等实训材料是否备齐;
(2)检查实训室计算机、车险软件系统、打印机是否正常工作。

2. 技术要求与注意事项

(1)按流程完成车险电话销售;
(2)运用策略完成车险推介和客户异议处理;
(3)根据车险险种及额度报价;
(4)运用策略完成保单促成签约。

3. 操作步骤

(1)致电开场;
(2)确认被保险人身份;
(3)核对保险车辆信息;
(4)需求探寻;
(5)险种推介,确认承保险种及额度;
(6)确认上年度理赔情况;
(7)车险报价;
(8)客户异议处理;
(9)保单促成;
(10)确认签单。

三、学习拓展

车险小额案件快赔

对符合快赔条件的案件,无须进行现场查勘,通过后台设置专业理赔人员,运用先进的信息技术在线指导客户完成查勘定损、合作单位远程定损等工作,不仅可以节省人力、物力成本,还能提高理赔时效,提升客户体验,使客户感受到优质、快捷的服务。

快赔案件是指发生属于保险责任的事故、事实清晰、责任明确,涉及车辆及第三者其他财产损失,不涉及人伤,单方事故损失金额在2000元(含)以下,双方事故任务项下车物损总金额在2000元(含)以下的案件。

1)小额案件现场查勘定损

出险时间在8:30—19:00的9座以下非营运客车。

2)合作单位小额案件定损

在合作单位维修,车辆损失金额在2000元(含)以下的定损案件。

以下案件不适用小额案件快赔:批改新增险种出险,且距险别批增起期15天内出险案件;6年以上高档老旧车型出险的案件;1年内出险次数超过2次的案件;涉嫌制造虚假事故的案件;其他高风险案件。

四、评价与反馈

1. 自我评价

(1)通过本学习任务的学习,你是否已经知道如下问题的答案?

①保险的基本原则有哪些?

_____。

②损失补偿原则的含义是什么?

_____。

(2)车险理赔有哪些步骤?

_____。

(3)实训过程完成情况如何?

_____。

(4)通过本学习任务的学习,你认为自己的知识和技能还有哪些欠缺?

_____。

签名:_____   ___年___月___日

2. 小组评价

表3-1为技能评价表。

技能评价表   表3-1

序号	评 价 项 目	评 价 情 况
1	是否能正确运用电话礼仪	
2	是否能按照规范的流程完成车险保单电话销售	

续上表

序号	评价项目	评价情况
3	是否能遵守学习、实训场地的规章制度	
4	是否能保持学习、实训场地整洁	
5	团结协作情况	

参与评价的同学签名：_____　　　___年___月___日

3. 教师评价

_____。

签名：_____　　　　　　　　　　　　___年___月___日

五、技能考核标准

考核的方式建议用小组协作、角色扮演的方式完成学习领域中的实训任务，培养学生团队协作的能力。实训任务综合性较强，可以根据学生完成实训任务的情况评价整个学习领域的学习效果。表3-2为技能考核标准表。

技能考核标准表　　　　　　　　　表3-2

序号	项目	操作内容	规定分	评分标准	得分
1	车险电销流程模拟演练	致电开场	10分	完成得分	
2		确认被保险人身份	5分	完成得分	
3		核对保险车辆信息	5分	完成得分	
4		需求探寻	10分	完成得分	
5		险种推介，确认承保险种及额度	20分	完成得分	
6		确认上年度理赔情况	5分	完成得分	
7		车险报价	10分	完成得分	
8		客户异议处理	20分	完成得分	
9		保单促成	10分	完成得分	
10		确认签单	5分	完成得分	
		总分	100分		

项目二　车辆碰撞损伤评估

学习任务4　车身结构认知

学习目标

☆ **知识目标**

1. 掌握汽车车身的基本组成；
2. 掌握车身的安全防护装置组成；
3. 掌握汽车仪表及照明信号装置等。

☆ **技能目标**

1. 能完成车身的基本组成认知分析；
2. 能完成车身防护装置的认知分析；
3. 能完成汽车仪表及照明信号装置的认知分析。

☆ **课程思政目标**

1. 培养学生服务客户的意识；
2. 培养正确的世界观、人生观、价值观、道德观和法制观。

建议课时

4课时。

任务描述

小李同学家里新买了一辆轿车，但是小李同学不认识车身的基本结构件，需要学习车身结构的基本知识。

一、理论知识准备

车身是驾驶人的工作场所，也是容纳乘员和货物的场所，因此车身应为驾驶人提供宽敞的工作空间和便利舒适的驾驶操作条件，为乘员提供舒适安全的乘坐环境，并确保完好无损地运载货物且装卸方便，使其免受汽车行驶时的振动、噪声、废气、尘土、雨水、风雪等的侵袭。车身外形应具有良好的空气动力学特性,不但有助于减小空气阻力从而减少燃料消耗,还有助于提高汽车的行驶稳定性,改善发动机的冷却条件,确保车内通风良好。

根据车身与车架的连接方式不同,车身可分为非承载式、半承载式和承载式3种。非承载式车身的特征是车身与车架通过弹簧或橡胶垫等柔性连接,主要由车架承受发动机等部件的质量以及汽车行驶时由路面通过车轮和悬架传来的力;半承载式车身的特征是车身与车架通过螺钉、铆接或焊接等方式刚性连接,车身能够分担车架的部分荷载;承载式车身的特征是车架与车身制成一个整体,没有单独的车架,车身承受全部的荷载。

(一)车身基本组成部件

轿车承载式车身无明显骨架,但在承载式车身地板上有较完整的纵、横承力零件,前面有两根断面较粗的纵梁,与两侧的挡泥板以及前面的散热器固定架等焊接为一体,形成刚性较好的构架,以便安装发动机和悬架等。而非承载式车身的前部钣金件通常不是焊接在车身壳体上,而是用螺钉连接在车架上,因此非承载式车身前部的刚度和强度比较弱。客车车身具有完整的骨架,外形比较规则,采用大量的平面覆盖件。客车车身主要包括驾驶室和车厢。驾驶室没有明显骨架,由外部覆盖件和内部钣金件焊接而成,并通过三点或四点弹性地悬置于车架上,以减小车架的弯曲和扭曲变形对驾驶室的影响,缓冲和减轻驾驶室的振动。轿车车身主要零件包括车身壳体、车门、车窗、发动机舱盖、车身顶盖、行李舱盖、翼子板、前围板、车身内外装饰件和车身附件、座椅以及通风、暖气、冷气、空调装置等。在货车和专用汽车上还有车厢和其他装备。

1. 车身壳体

车身壳体是所有车身部件的安装基础,通常是指纵、横梁和支柱等主要承力零件以及与它们相连接的内部钣金件和外部覆盖件共同组成的空间结构。车身壳体上的一些结构措施和设备有助于提高车身的刚度和强度,例如在车身覆盖件上加工加强筋槽或凸起,这既不增加质量,又能提高车身的耐扭转和抗弯性。

2. 车门

车门是车身上的一个重要部件,通过铰链安装在车身壳体上。按开启方式不同,车门可分为顺开式、水平移动式、上掀式和折叠式等。轿车侧门均为顺开式。水平移动式车门的优点是车身侧壁与障碍物相距很近时仍能全部开启。上掀式车门广泛用作轿车的后门。折叠式车门广泛应用于大、中型客车上。轿车车门通常由门外钣金、门内钣金、玻璃窗框等组成。门内钣金是安装各种车身附件的基体。有的轿车车门内还布置有暖气通风管道和立体声收放音机的扬声器等。

3. 车身板制件

发动机舱盖又称发动机罩,对发动机舱盖的主要要求是隔热、隔音、自身质量轻、刚性强。车身顶盖是车厢顶部的盖板,在顶盖上允许开设天窗,但为安全起见,在顶盖下一般还设置了一定数量的加强梁,顶盖内层也敷设绝热衬垫材料,以阻止外界温度的传导及减少振动时噪声的传递。行李舱盖要求有良好的刚性,结构上与发动机舱盖基本相同,设置有外板和内板,内板有加强筋。前翼子板和后翼子板是遮盖车轮的车身外板,因旧式车身该部件形状及位置似鸟翼而得名。前围板是指发动机舱与车厢之间的隔板。前围板上有许多孔口,作为操纵用的拉线、拉杆、管路和电线束通过之用,还要配合踏板、转向机柱等零部件的安装位置。为防止发动机舱里的废气、高温、噪声窜入车厢,前围板上要有良好的密封措施和隔热装置。

4. 车身外部装饰件

车身外部装饰件主要是指装饰条、车轮装饰罩、标志、浮雕式文字等。散热器面罩、保险杠、灯具以及后视镜等附件亦有明显的装饰性。车身内部装饰件包括仪表板、顶篷、侧壁、座椅等表面覆饰物以及窗帘和地毯。轿车上广泛采用天然纤维或合成纤维的纺织品、人造革或多层复合材料、连皮泡沫塑料等表面覆饰材料;客车上则大量采用纤维板、纸板、工程塑料板、铝板、花纹橡胶板以及复合装饰板等覆饰材料。

5. 车身附件

车身附件包括门锁、门铰链、车门开度限位器、侧门窗升降玻璃及其导轨、玻璃升降器、各种密封件、风窗玻璃刮水器、风窗玻璃洗涤器、遮阳板、后视镜、拉手、点烟器、烟灰盒等。

6. 座椅

座椅由骨架、坐垫、靠背和调节机构等组成。坐垫和靠背应具有一定的弹性。操作调节机构可使座椅前后或上下移动和调整靠背相对坐垫的倾斜角度。某些轿车的驾驶人座椅还设置了弹性悬架和减振器,通过调节弹性悬架可以改变坐垫离地板的高度,以满足不同体重驾驶人的要求。

(二)车身安全防护装置

汽车发生碰撞事故时,汽车的前、后保险杠或车身侧面首先受到冲击或挤压,随后便是与它们相连的车身构架产生变形和拥塌,危及车内乘员。如果事故为正面碰撞,汽车会急剧减速直至停止,车内乘员由于惯性作用而离开座位向前冲。此时,转向盘、仪表板、风窗玻璃支柱、风窗玻璃、风窗玻璃框上横梁等可能会撞击或挤压人体的胸、腹或头部,成为主要致伤构件。基于同样的理由,车身内部一切有可能与人体接触的构件都应避免采用尖角、凸棱或小圆弧过渡的形状,车身内应尽量采用软材料包垫,既有利于满足安全防护性要求,也有利于满足舒适性要求。另外,汽车与行人相撞时,保险杠、车前钣金件或车身前围等部位最易使行人受伤。行人受撞击后,其头部往往倒向发动机舱盖、风窗玻璃框下缘或风窗玻璃等部位。因此,现代汽车都采取了各种安全防护措施和装置,典型的有如下几种。

1. 加固车身结构

根据国家汽车碰撞安全性的技术要求,车身壳体、乘员厢应具有较大的刚度,车身的头部、尾部以及其他离乘员较远的构件的刚度相对要小,这样在汽车发生碰撞事故时,乘员厢的变形比较小,汽车受到的冲击能量将主要被车身头部和尾部等部位的易变形构件所吸收。提高乘员厢刚度和强度的主要措施是加固其地板、前围内板、后围板等部件。为使乘员厢侧面较强固以便承受较大的撞击力,车门门槛通常较粗大,并用横梁将左、右两根门槛连接起来共同受力,另外在门外板的内表面还常常贴有瓦棱状加强板。为了使车身头部和尾部的刚度较小,常在粗大的构件或强固的部件上开孔或开槽来削弱其刚度,或者使构件在汽车碰撞时承受弯曲荷载,因为弯曲变形较易发生,吸收的变形能也较大。

2. 保险杠与护条

汽车的最前端和最后端都装有保险杠,许多轿车的左右两侧还装有纵贯前后的护条。保险杠和护条的安装高度应合适,以确保汽车相撞时,两车的保险杠或护条将首先接触。按功能不同,保险杠结构一般包括两部分:第一部分由弹性较大的泡沫塑料制成,主要是为减轻行人软表层的受伤程度;第二部分主要用于吸收碰撞能量,常见的有金属构架、全塑料结构、半硬质橡胶缓冲结构、液压或气压装置等形式。除了保险杠外,经常致使行人受伤的构件还有前翼子板、前照灯、发动机舱盖、车轮、风窗玻璃等。这些构件不应制造得尖锐而坚硬,最好是平整光滑而富有弹性。

3. 侧门防撞杆

汽车受到侧面撞击时,车门受冲击而发生弯曲变形,内镀金件朝内凸入而会直接伤害车内乘员。为了加强车门刚度,在汽车两侧门夹层中间设置了一两根非常坚固的钢梁,称为侧门防撞杆。当汽车侧门受到撞击时,坚固的侧门防撞杆能大大减轻车门的弯曲变形程度,显著减小内镀金件朝车内的凸入量,减轻汽车撞击对车内乘员的伤害。

4. 安全玻璃

为防止汽车正面或侧面碰撞时,玻璃碎片划伤乘员脸部和眼睛,许多轿车都选用了安全玻璃。目前,广泛应用的安全玻璃有钢化玻璃与夹层玻璃两种。钢化玻璃是在玻璃处于炽热状态下使之迅速冷却而产生预应力的强度较高的玻璃,钢化玻璃破碎时分裂成许多无锐边的小块,不易伤人。夹层玻璃共有3层,中间层韧性强并有黏合作用,被撞击破坏时内层和外层仍黏附在中间层上,不易伤人。汽车用的夹层玻璃,中间层加厚一倍,因具有较好的安全性而被广泛采用。

5. 门锁与门铰链

门锁与门铰链都应有足够的强度。在汽车碰撞时,应能同时承受纵、横两个方向的冲击力而不致使车门开启或脱落,避免乘员被甩出车外,减少乘员受重伤或死亡的危险。此外,在事故结束后,门锁应不致失效而应使车门仍能开启。目前,轿车广泛使用的是能够同时承受纵向和横向荷载的转子卡板式门锁,而不能承受纵向荷载的舌簧式、钩簧式、齿轮转子式等门锁已逐渐被淘汰。

6. 安全带

安全带是一种有效的安全防护装置,它能在汽车发生碰撞或急转弯时,约束乘员尽可能保持原有的位置而不移动和转动,避免与车内坚硬部件发生碰撞而造成伤害。轿车上使用的安全带,按固定方式不同分为两点式安全带和三点式安全带两种。两点式安全带与车身或座椅构架仅有两个固定点,软带从腰的两侧挂到腹部,形似腰带,在碰撞事故中可以防止乘员身体前移或从车内甩出,其优点是使用方便,容易解脱,缺点是乘员上体容易前倾,前座乘员头部会撞到仪表板或风窗玻璃上,所以这种安全带主要用在轿车后排座椅上。三点式安全带是弥补两点式安全带缺点的一种安全带,它在两点式安全带的基础上增加了肩带,在靠近肩部的车身上有一个固定点,可同时防止乘员躯体前移和防止上半身前倾,增强了乘员的安全性,是目前使用最普遍的一种安全带。

轿车的安全带由织带、安装固定件和卷收器等部件组成。织带是构成安全带的主体,多由结实的合成纤维织成,包括斜跨前胸的肩带和绕过人体胯部的腰带。安装固定件是与车身或座椅构件相连接的耳片、插件和螺栓等,它们的安装位置和牢固性,会直接影响安全带的保护效果和乘员的舒适感。卷收器的作用是储存织带和锁止织带拉出,是安全带系统中最复杂的机械件,汽车一旦出现紧急制动、转弯、正面碰撞或发生翻滚,乘员的突然运动会使织带受到快速而猛烈地拉伸,此刻卷收器的自锁功能可在瞬间自动卡住织带,使乘员紧贴座椅,避免摔出车外或与内饰碰撞受伤。

7. 安全气囊

安全气囊的作用是当汽车发生强烈正面碰撞时,能够在极短的时间内(碰撞开始后的 0.03~0.05s)从转向盘载内或仪表板内膨胀出来,垫在转向盘与驾驶人之间,防止驾驶人头部和胸部撞击到转向盘或仪表板等硬物。安全气囊主要由传感器、微处理器、气体发生器和气囊等部件组成。传感器和微处理器用以判断撞车程度,传递及发送信号;气体发生器根据信号指示产生点火动作,点燃固态燃料并产生气体向气囊充气,使气囊迅速膨胀。有些轿车除了在驾驶人侧安装有安全气囊外,同时也为副驾驶人座设置了安全气囊(即双安全气囊)。另外,有些轿车还在座位侧面靠门一侧安装了侧面安全气囊。

8. 头颈保护系统

头颈保护系统的作用是当轿车后部遭受撞击时,限制乘员头部向后做剧烈的旋转运动,以避免颈椎受伤。乘员严重的颈椎受伤可能使其内部神经(脊髓)受伤,导致颈部以下全身瘫痪(高位截瘫)。头颈保护系统的工作过程是:当轿车后部受到撞击时,头颈保护系统会迅速充气膨胀起来,其整个靠背都会随乘员一起后倾,乘员的整个背部和靠背安稳地贴近在一起,靠背则会后倾以最大限度地降低头部向后甩的力量,座椅的椅背和头枕会向后水平移动,使身体的上部和头部得到轻柔、均衡的支承与保护,以减轻脊椎以及颈部所承受的冲击力,防止头部向后甩所带来的伤害。

(三) 指示仪表和报警装置

为了使驾驶人能够及时了解汽车及各系统的运行状态,汽车驾驶室仪表板上安装有各种指示仪表和报警装置。

1. 车速里程表

车速里程表是由指示汽车行驶速度的车速表和记录汽车所行驶过距离的里程计组成的,二者装在共同的壳体中,并由同一根轴驱动。车速表是利用磁电互感作用,使表盘上指针的摆角与汽车行驶速度成正比。车速表表壳上装有有刻度的表盘。里程表是由若干个计数转鼓及其转动装置组成的。为了使用方便,有的车速里程表同时设有总里程计和单程里程计,总里程计用来记录汽车累计行驶里程,单程里程计用来记录汽车单程行驶里程。单程里程计可以随时复位至零。

2. 速度报警器

速度报警器是为了保证行车安全而在车速表内装设的速度音响报警系统。如果汽车行驶速度达到或超过某一限定车速(如120km/h),车速表内速度开关使蜂鸣器电路接通,发出声音报警。

3. 机油压力表

机油压力表是在发动机工作时,指示发动机润滑系统主油道中机油压力大小的仪表。机油压力表包括油压指示表和油压传感器两部分。

4. 机油低压报警灯

机油低压报警灯在发动机润滑系统主油道中的机油压力低于正常值时,发出报警信号。机油低压报警装置由装在仪表板上的机油低压报警灯和装在发动机主油道上的油压传感器组成。

5. 燃油表

燃油表用于指示汽车燃油箱内的存油量。燃油表由带稳压器的燃油面指示表和油面高度传感器组成。

6. 燃油低油面报警灯

燃油低油面报警灯的作用是在燃油箱内的燃油量少于某一规定值时立即发亮报警,以引起驾驶人的注意。

7. 冷却液温度表

冷却液温度表用于指示发动机冷却液的工作温度。

8. 冷却液温度报警灯

冷却液温度报警灯能在冷却液温度升高到接近沸点(95~98℃)时发亮,以引起驾驶人的注意。

(四) 照明及信号装置

为了确保自己驾驶的汽车及其他交通参与者的安全,现代汽车上装有各种照明和信号装置,用于照明道路、标示车辆宽度、照明车厢内部及仪表指示和夜间检修照明等。在想要转弯、制动和倒车等情况下,可通过信号灯光和音响效果等警示周围的交通参与者。常见的照明和信号灯包括前照灯、示廓灯、雾灯、转向灯、侧灯、制动灯(含高位制动灯)、停车灯、倒车灯、尾灯(牌照灯)和车内照明灯等。车内照明灯特别要求造型美观、光线柔和悦目,包括驾驶室顶灯、车厢照明灯、各种警示和指示灯、门控灯和行李舱灯等。为了便于夜间检修发动机,还设有发动机舱盖灯。为满足夜间在路上检修汽车的需要,车上还应备有带足够长灯线的工作灯,使用时临时将其插头接入专用的插座中。驾驶室的仪表板上有仪表板照明灯。

二、任务实施

1. 准备工作

(1) 将实训车辆停放在实训工位。

(2) 准备相关工具、"三件套"等。

(3) 检查实训室通风系统设备、举升设备等工作是否正常。

2. 技术要求与注意事项

(1) 车体周正、车体外缘左右对称部位高度差不得大于 40cm。

(2) 在进行油、水液位检查时一定要可靠、平稳地停靠车辆。

3. 操作步骤

(1) 与客户交流,记录车辆信息和建立联系。

(2) 安装车辆防护用具。安装好座椅套、转向盘套、变速器操纵杆套、脚垫,确认驻车制动可靠实施,车辆挡块可靠安放。

(3) 车辆代码的基本认识和查找。

根据图 4-1,在车上查找和填写车辆标记的名称等基本信息。

(4) 汽车主要组成部分的认知。

图 4-2 所示为发动机;图 4-3 所示为变速器;图 4-4 所示为车身及车座;图 4-5 所示为悬架装置。

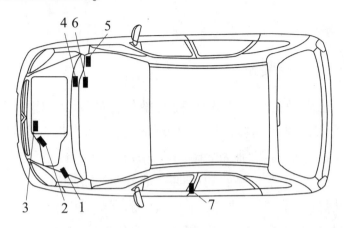

图 4-1 车辆基本信息

1-油漆编号;2-VIN 打印号;3-发动机号;4-产品标牌;5-VIN 标牌;6-变速器标识号;7-轮胎充气说明标签

图 4-2 发动机

图 4-3 变速器

图 4-4 车身及车座

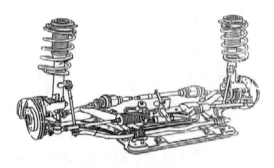

图 4-5 悬架装置

(5)组合仪表及相关指示灯认知。

图 4-6 所示为组合仪表;图 4-7 所示为指示灯。

(6)照明系统认知。

前部灯光系统如图 4-8 所示。后部灯光系统如图 4-9 所示。

项目二 车辆碰撞损伤评估

图 4-6 组合仪表

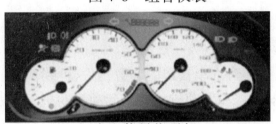

灯光和信号指示灯

| ⇐ 左转向灯 | ▫D 近光灯 | ▫≣ 后雾灯 |
| ⇒ 右转向灯 | ▫D 远光灯 | ≣▫ 前雾灯 |

危险报警闪光灯开关打开时，所有转向指示灯同时闪亮。

图 4-7 指示灯

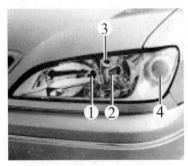

图 4-8 前部灯光图
1-前照远光灯；2-前照近光灯；3-位置灯；4-转向灯

图 4-9 后部灯光图
1-转向灯；2-倒车灯；3-雾灯；4-位置灯；5-制动灯

通过以上乘用车车身结构认知,让学生了解乘用车车身结构的特点、使用材料的基本知识,使每位学生能对乘用车车身的基本结构件产生基本认知。

三、学习拓展

为了防止驾驶人离开汽车后汽车被盗窃,大部分汽车上都设置了防盗装置。常见的车身防盗装置(VATS)有机械式防盗装置、电子式防盗装置、发动机防盗锁止系统等。

1. 机械式防盗装置

机械式防盗装置大多为各种锁具,它们可以将转向盘、变速器操纵杆、制动踏板等锁起来,典型的有转向锁、制动器锁和车轮锁等。转向锁由锁杆、凸轮轴、锁止器挡块、开锁杠杆和开锁按钮等组成。当驾驶人从钥匙筒拔出钥匙后,使用制动器的锁杆就可将转向柱锁住,或者使用制动器锁将制动踏板固定在制动位置,或者将车轮锁锁在车轮上,使车轮不能转动。这样,即使偷窃者不用点火开关钥匙而起动了发动机,汽车仍不能被驾驶。

2. 电子式防盗装置

机械式防盗装置是预防汽车被盗的装置,但这种装置不能防止他人进入驾驶室和车内,打开行李舱盖和发动机舱盖或起动发动机。而电子式防盗装置不仅能可靠地防止汽车被盗,而且能防止盗贼拆卸某些汽车零件和进入车内。当偷窃者接近或进入汽车时,电子式防盗装置便以蜂鸣、警笛、灯光等方式吓退偷窃者,同时引起车主或路人的注意。

3. 发动机防盗锁止系统

汽车门锁具有一定的互开率,弱化了汽车的防盗功能,因此发动机防盗锁止系统便应运而生。对于装有发动机防盗锁止系统的汽车,即使偷窃者能打开车门也无法开走汽车。典型的发动机防盗锁止系统的工作原理是:汽车点火钥匙内安装有电子芯片,每个芯片内都装有固定的识别编码ID(相当于身份识别号码),只有钥匙芯片的ID与发动机一侧的ID一致时,汽车才能起动。如果两者不一致,汽车就会马上自动切断电路,使发动机无法起动。

四、评价与反馈

1. 自我评价

(1)通过本学习任务的学习,你是否已经知道以下问题的答案?

项目二 车辆碰撞损伤评估

① 在车辆基本代码和标记信息认知中应注意哪些问题？

_____。

② 在车身主要组成部分的认知中应注意哪些问题？

_____。

(2) 在车身结构认知中包括哪几大部分？

_____。

(3) 实训过程完成情况如何？

_____。

(4) 通过本学习任务的学习，你认为自己的知识和技能还有哪些欠缺？

_____。

签名：_____   ___年___月___日

2. 小组评价

表 4-1 为技能评价表。

技能评价表   表 4-1

序号	评 价 项 目	评 价 情 况
1	着装是否符合要求	
2	是否能合理规范地使用仪器和设备	
3	是否能按照安全和规范的流程操作	
4	是否能遵守学习、实训场地的规章制度	
5	是否能保持学习、实训场地整洁	
6	团结协作情况	

参与评价的同学签名：_____   ___年___月___日

3. 教师评价

_____。

签名：_____   ___年___月___日

五、技能考核标准

考核的方式建议用每个人独立完成学习领域中的实训任务，培养学生独立自主完成任务的能力。实训任务综合性较强，可以根据学生完成实训任务的情况评价整个学习领域的学习效果。表 4-2 为技能考核标准表。

技能考核标准表 表 4-2

序号	项目	操作内容	规定分	评分标准	得分
1	汽车车身结构认识	记录车辆铭牌信息	5分	记录信息是否全面，缺少一个信息扣2分	
2		防护用品安装情况	10分	是否正确安装"三件套"、车轮挡块，少安装一个扣5分	
3		车辆相关信息认知查找	20分	油漆编号、VIN打印号、发动机号、产品标牌、VIN标牌、变速器标识号、轮胎充气说明标签，每少一个扣3分	
4		车身主要结构件认知	20分	发动机、变速器、悬架、座椅等，每少一个扣5分	
5		驾驶操纵机构认知	20分	灯光组合开关、转向盘、驾驶人前正向气囊、喇叭开关、组合仪表、右组合开关、前后刮水器等，每少一个扣1分	
6		组合仪表及相关指示灯认知	10分	组合仪表各种指示表和相关指示灯，每少一个扣1分	
7		照明系统外部认知	10分	前照远光灯、前照近光灯、雾灯、倒车灯、制动灯、位置灯，每少一个扣2分	
8		复位	5分	恢复车辆和场地，注意"5S"、安全	
		总分	100分		

学习任务 5　事故车辆碰撞损坏分析

☆**知识目标**

1. 掌握汽车碰撞事故的分类；
2. 掌握汽车碰撞损坏的类型；
3. 掌握事故车车身碰撞损伤的诊断与测量。

☆**技能目标**

1. 能完成事故车分类分析；
2. 能完成汽车碰撞损坏类型分析；
3. 能完成事故车车身碰撞损伤的诊断与测量认知分析。

☆**课程思政目标**

1. 锻炼科学分析和解决问题的能力；
2. 培养精益求精的工匠精神。

4 课时。

任务描述

某日,小张同学家的宝马汽车被撞了,来你所在的 4S 店修车,你将怎样对该车进行损伤评估呢？

一、理论知识准备

在各类汽车事故中,因碰撞所造成的损失是最常见的,也是损失最大的项目。因此,评估人员必须了解汽车的基本结构,掌握汽车碰撞事故的分类及特征、碰撞造成的损失、常见修复方法、汽车基本件的修理与更换标准、各部位修复所需要的工时标准等。

(一) 汽车碰撞事故分类及汽车碰撞损坏类型

1. 汽车碰撞事故分类

汽车碰撞事故可分为单车事故和多车事故。其中,单车事故又可细分为翻车事故与障碍物碰撞事故。翻车事故一般是由于驶离路面或高速转弯造成的，其严重程度与事故车辆的车速和翻车路况有关，即可能是人车均无大恙的局面，也可能造成车毁人亡的严重后果，图 5-1 列举了几种典型的翻车情形。与障碍物碰撞事故可分为前撞、尾撞和侧撞，其中前撞和尾撞较常见，而侧撞较少发生。与障碍物碰撞的前撞和尾撞又可根据障碍物的特征和碰撞方向的不同再分类，图 5-2 所示为几种典型的汽车与障碍物碰撞情形。尽管在单车事故中，侧撞较少发生，但当障碍物具有一定速度时也有可能发生，如图 5-3 所示。单车事故汽车可受到前、后、左、右、上、下的冲击荷载，且对汽车施加冲击荷载的障碍物可以是有生命的人体或运动物体，也可以是无生命的物体。

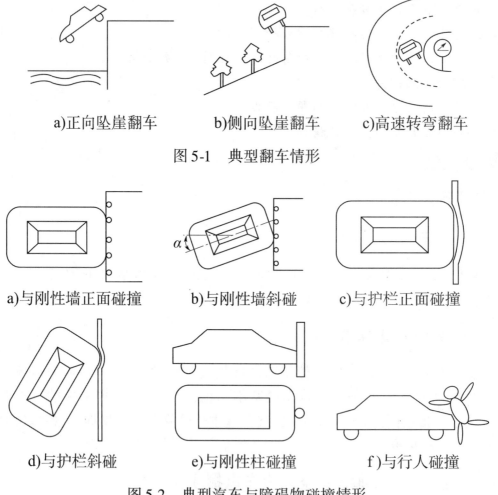

a)正向坠崖翻车　　b)侧向坠崖翻车　　c)高速转弯翻车

图 5-1　典型翻车情形

a)与刚性墙正面碰撞　　b)与刚性墙斜碰　　c)与护栏正面碰撞

d)与护栏斜碰　　e)与刚性柱碰撞　　f)与行人碰撞

图 5-2　典型汽车与障碍物碰撞情形

显然，障碍物的特性和运动状态对汽车事故的后果影响较大，这些特性包括质量、形状、尺寸和刚性等。这些特性参数的实际变化范围很大，如人体的质量远比牛这类动物体的质量小,而路面和混凝土墙的刚性远比护栏和松土的刚性大。障碍物特性和状态的千变万化导致的结果是对事故车辆及乘员造成不同类型和不同程度的伤害。

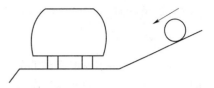

图 5-3　单车侧面碰撞事故

如图 5-4 所示,多车事故为两辆以上的汽车同时相撞,但讨论其特征时可以只考虑两辆车相撞的情形,如图 5-5 所示。图 5-5a)所示的正面相撞和图 5-5c)所示的侧面相撞都是具有极大危险性的典型事故状态,且占事故的 70% 以上。追尾事故在市内交通中发生时,一般相对碰撞速度较低。但由于追尾可造成被撞车辆中乘员颈部的严重损伤和致残,其后果仍然十分严重。从图 5-5 中不难看出,在多车事故中,不同车辆所受的碰撞类型是不一样的,如在图 5-5a)所示的正面碰撞中,两辆车均受前撞;在图 5-5b)所示的追尾事故中,前面车辆受到尾撞,而后面车辆却受前撞;在图 5-5c)所示的侧撞事故中,一辆汽车受侧碰,而另一辆汽车却受前撞。在多车事故中,汽车的变形模式也是千变万化的,但与单车事故比,有两个明显的特征:

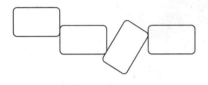

图 5-4　多车事故

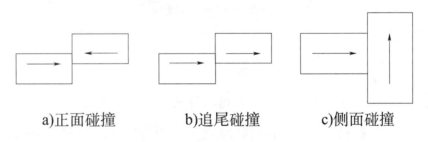

a)正面碰撞　　　　b)追尾碰撞　　　　c)侧面碰撞

图 5-5　两车相撞情形

(1)在多车事故中一般没有来自上、下方向的冲击荷载。

(2)给事故车施加冲击力的均为其他车辆,尽管不同车辆的刚性不一样,但没有单车事故中障碍物的刚性变化大。

在实际生活中,除了以上描述的典型单车事故和典型多车事故外,还有这两类典型事故的综合事故,如在多车事故中,一辆或多辆车与行人或其他障碍物发生碰撞。对于这类综合性事故的分析,可结合典型的单车事故和多车事故分析方法来讨论。

2.汽车碰撞损坏类型

根据汽车车架和车身结构的损坏情况不同,可以将汽车碰撞分成许多种碰撞类型,每种碰撞类型都有其自身特点,很容易区分开。

1) 侧弯

汽车前部、中部或后部在冲击力的作用下,偏离原来的行驶方向发生的碰撞损坏称为侧弯。图5-6a)所示为汽车的前部侧弯,冲击力使汽车的一边伸长,另一边缩短。

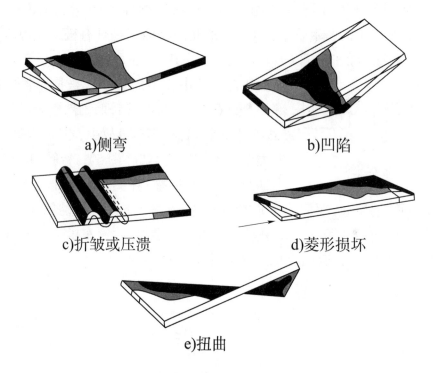

图5-6 汽车车架和车身的碰撞损坏类型

侧弯也有可能在汽车的中部和后部发生。侧弯可以通过视觉观察和对汽车侧面的检查判别出来,在汽车的伸长侧面留下一条刮痕,而在另一缩短侧面会有折皱。发动机舱盖不能正常开启等都是侧面损坏的明显特征。对于非承载式汽车,折皱或侧面损坏一般发生在汽车车架横梁的内部和相反方向的外部。承载式汽车车身也能够发生侧面损坏。

2) 凹陷

凹陷就是出现汽车的前罩区域比正常规定低的情况。损坏的车身或车架背部呈现凹陷形状。凹陷一般是由正面碰撞和追尾碰撞引起的,且有可能发生在汽车的一侧或两侧。当发生凹陷时,可以看到在汽车翼子板和车门之间顶部变窄、底部变宽,也可以看到车门闩眼处过低。凹陷是一种普通碰撞损坏类型,大量存在于交通事故中。尽管折皱或扭结在汽车车架本身并不明显,但是一定的凹陷将破坏汽车车身钣金件的结合。

3）折皱或压溃

折皱就是车架上（非承载式车身汽车）或侧梁（承载式车身汽车）的微小弯曲。如果仅仅考虑车架或侧梁上的折皱位置，常常是另一种类型损坏。

例如，在车架或在车架纵梁内侧有折皱，表明有内向的侧面损坏；折皱在车架或在车架边梁外侧，表明有向外的侧面损坏；在车架或在车架边梁的上表面有折皱，一般表明是向上凹陷类型；如果折皱在相反的方向即位于车架的下表面，则一般为向下凹陷类型。

压溃是一种简单、具有广泛性的折皱损坏。这种损坏使得汽车框架的任何部分都比规定要短[图5-6c)]。压溃损坏一般发生在发动机罩之前或后风窗玻璃之后，且车门处没有明显的损坏痕迹。然而在前翼子板、发动机舱盖和车架棱角等处会有折皱和变形。在轮罩上部车身框架常向上升，引起弹簧座损坏（图5-7）。伴随压溃损坏，保险杠的垂直位移很小。发生正面碰撞或追尾碰撞，会引起这种损坏。

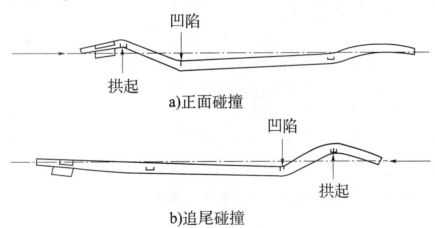

图5-7　车架的压溃、折皱和凹陷损坏

在决定严重压溃损坏的**修理方法**时，定损员必须记住一点：在承载式车身上，高强度钢加热后，易于拉伸，但这种方法要严格限制，因为这些钢材加热处理不当，会使其强度降低。

4）菱形损坏

菱形损坏经常发生在非承载式车身汽车上。车架的一边梁相对于另一边梁向前或向后运动。可以通过量规交叉测量方法来验证菱形损坏。

5）扭曲

扭曲即汽车的一角比正常的要高，而另一角要比正常的低。当一辆汽车以高速撞击到路边或高级公路中间的隔离带时,有可能发生扭曲型损坏。后侧车角发生碰撞也常发生扭曲损坏。仔细检查能发现板件不明显的损坏。然而真正的损坏一般隐藏在下部。由于碰撞,车辆的一角向上扭曲,同样,相应的另一角向下扭曲。由于弹簧弹性弱,所以如果汽车的一角凹陷到接近地面的程度,应该检查是否有扭曲损坏。当汽车发生翻滚时,也会发生扭曲。

只有非承载式车身汽车才能真正发生扭曲。车架的一段垂直向上变形,而另一端垂直向下变形(图5-8)。从一侧观察,可看到两侧纵梁在中间交叉。

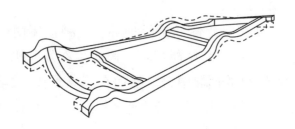

图5-8 典型车架扭曲损坏情况

承载式车身汽车前后横梁并没有连接,因此并不存在真正意义上的"扭曲"。承载式车身损坏相似的扭曲是,前部和后部元件发生相反的凹陷。例如:右前侧向上凹陷,左后侧向下凹陷,左前侧向下凹陷而右后侧向上凹陷。

要区别车架扭曲和车身扭曲,这是因为它们的修理方法和修理工时是不同的。对于承载式车身汽车而言,在校正每一段的凹陷时应对汽车的拉伸修理进行评估。对于非承载式车身汽车,需要进行汽车前沿的拉伸修理和汽车后端的修理。

(二)事故车车身碰撞损伤的诊断与测量

要准确地评估一辆碰撞事故车辆,就要对其受损情况作出精确诊断,确切地评估出汽车受损的严重程度、范围及受损部件。一辆没有经过准确诊断的汽车会在修理过程中发现新的损伤情况,这样会造成修理工艺及修理方案的改变。能否对碰撞作出准确的诊断是衡量一名汽车定损评估人员水平的重要标志。

1. 在进行碰撞评估损伤鉴定前的安全注意事项

(1)在查勘碰撞受损的汽车之前,首先看车上是否有破碎的玻璃、锋利的刀状或锯齿状金属边角。对危险部位作出安全警示,或进行处理。

(2)如果闻到有燃油的气味,切勿使用明火及开关电气设备。事故较大时,可考虑切断蓄电池电源。

(3)如果有机油或变速器油泄漏,要当心不要滑倒。

(4)在检验电气设备的状态时,不要造成新的损伤。如:在车门变形的情况下,检验电动车窗玻璃升降功能时,切勿盲目升降,以免造成车窗玻璃损坏。

(5)应在光线良好的场所进行碰撞诊断,如果损伤涉及底盘或需在车下进行细致检查时,务必使用汽车升降机,以保证评估定损人员的安全。

2.了解基本的碰撞损伤鉴定步骤

(1)了解车身结构的类型。

(2)目测确定碰撞部位。

(3)目测确定碰撞的方向及碰撞力大小,并检查可能有的损伤。

(4)确定损伤是否限制在车身范围内,是否还包含功能部件或零配件。

(5)沿着碰撞路线系统地检查部件的损伤,直到没有任何损伤痕迹的位置。例如,立柱的损伤可以通过检查门的配合状况来确定。

(6)测量汽车的主要零部件,通过比较维修手册车身尺寸图标上的标定尺寸和实际汽车上的尺寸来检查汽车车身是否产生变形量。

(7)用适当的工具或仪器检查悬架和整个车身的损伤情况。

一般而言,汽车损伤鉴定按图5-9所示的流程进行。

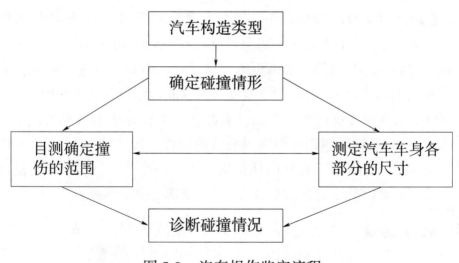

图5-9 汽车损伤鉴定流程

3.目测确定碰撞损伤程度

大多数情况下,碰撞部位能显示出结构变形或断裂迹象。目测检查时,可先后退几步，对汽车进行总体观察，从碰撞的位置估计受撞范围大小及方向，并判断碰撞是如何扩散的。先从总体上查看汽车是否有扭转、弯曲变形，再查看整个汽车，设法确定损伤位置及所有损伤是否都由同一事故引起。因此，为了查找汽车损伤，必须沿碰撞力扩散方向逐处检查，确认是否有损伤和损伤程度，可从以下几个方面加以识别：

（1）钣金件截面突然变形。碰撞所造成的钣金件截面变形与钣金件本身设计的结构变形不一样。钣金件本身设计的结构变形处表面油漆完好无损，而碰撞所造成的钣金件的截面变形处油漆起皮、开裂。进行车身设计时，要使碰撞产生的能量能够沿一条既定的路线传递、被指定的方向吸收。

（2）零部件支架断裂、脱落及遗失。发动机支架、变速器支架、发动机各附件支架是碰撞应力吸收处，它们在汽车设计时就有保护重要零部件受损伤的功能。在碰撞事故中常有各种支架断裂、脱落及遗失现象。

（3）检查车身每一部位的间隙和配合。车门是以铰链装在车身立柱上的，通常立柱变形就会造成车门与车门、车门与立柱的间隙不均匀。另外还可以通过简单地开、关车门，检查车门锁机与锁扣的配合，从锁机与锁扣的配合可以判断车门是否下沉，从而判断立柱是否变形，查看铰链的灵活程度可以判断主柱及车门铰链处是否变形。在汽车前端碰撞事故中，检查后车门与后翼子板、门槛、车顶侧板的间隙并作左右对比，是判断碰撞应力扩散范围的主要手段。

（4）检查汽车本身的惯性损伤。当汽车受到碰撞时，一些质量较大的部件（如装配在橡胶支座上的发动机附离合器总成）在惯性力的作用下会造成固定件（橡胶垫、支架等）及周围部件及钢板的位移、断裂，故应对其进行检查。对于承载式车身结构的汽车，还需检查车身与发动机及底盘结合部是否变形。

（5）检查来自乘员及行李的损伤。乘客和行李在碰撞中由于惯性力作用常会引起车身的二次损伤，损伤的程度因乘员的位置及碰撞的力度而异，其中常见的损伤有转向盘、仪表工作台、转向柱护板及座椅损伤等。行李碰撞是造成行李舱中部分设备（如 CD 机、音频功率放大器等）损伤的主要原因。

二、任务实施

1. 准备工作

（1）将实训车辆停放在实训工位。

（2）准备相关工具、"三件套"等。

(3)检查实训室通风系统设备、举升设备等工作是否正常。

2.技术要求与注意事项

(1)车体周正,车体外缘左右对称部位高度差不得大于40cm。

(2)在进行油、水液位检查时,一定要可靠、平稳地停靠车辆。

3.操作步骤

(1)与客户交流,记录车辆信息和建立联系。

(2)安装车辆防护用具。安装好座椅套、转向盘套、变速器操纵杆套、脚垫,确认驻车制动可靠实施,车辆挡块可靠安放。

(3)查验客户"三证"[驾驶证、行驶证、保险单(电子保单)]是否齐全。

(4)到达现场后,了解事故车辆车身结构类型并拍照(图5-10)。分析车辆事故类型:坠落物、追尾、正面碰撞、侧面碰撞、倾覆、擦划或其他;简单分析事故形成过程以及保险责任界定;若是弯曲变形就修复,若是折曲变形则可更换。

图5-10 事故车拍照

(5)如果损伤部位处于纵梁的端部附近,且压扁区未受到影响或变形的范围影响不大,通过拉拔可矫正的,则必须修复;如果压扁区已出现折曲,并将碰撞力传递到后部,造成后部也变形的,则必须予以更换。如图5-10所示,富康车的发动机舱盖可修复,叶子板严重折曲需更换。

(6)如果发生弯曲变形(弹性变形),损伤部位与非损伤部位的过渡平滑、连续,通过拉拔矫正可使它恢复到事故前的形状,而不会留下永久性的变形。

(7)如果发生折曲变形,且损伤发生在平面内,则矫正工作比棱角处的严重起皱和折曲可能容易得多。几乎可以肯定,在轮廓分明的棱角处发生了折曲变形,则只能采取更换的方法;如车门玻璃框折曲,前者可以修复,但后者需要更换。

(8)事故车辆需要更换的零件包括无法修复的零部件,如破碎的玻璃等;工艺上不可修复使用的零部件,如胶贴的门饰条等;安全上不允许修理的零部件;无修复价值的零件。

(9)根据资料照片,列出损失项目,并认定更换、修复和待定项目。

(10)所有查勘定损资料应归档,现场复位。

三、学习拓展

道路交通事故的发生以人车、车车、车物之间的相互碰撞为基础。从处理诉讼维护权利和保障交通安全角度而言,有必要弄清楚道路交通事故的发生、发展过程,以获得各种证据性要素。道路交通事故碰撞接触点是道路交通事故现场勘查与测量的基础,其确定的准确与否直接关系后期的事故再现与分析结果。

(一) 碰撞接触点的含义

所谓碰撞接触点,是指道路交通事故涉及方在碰撞发生的初始时刻相互接触并产生力的作用的部位及其在道路水平面上的投影点。

1. 初始时刻

碰撞本身是一个力的持续作用过程,在此期间碰撞体会因此变形、在接触中移位。尽管大量的研究表明碰撞发生持续的时间很短,尤其是在高速的大能量、快速碰撞中,碰撞体一般会分离,但碰撞的持续过程会使得整个碰撞现场呈现出一个具有一定面积的范围状态。唯有初始时刻才是比较好的测量点,也符合经典物理学中的有关动量定理的描述规范。该定理强调碰撞力属于内力,碰撞过程瞬间完成。

2. 碰撞部位及其水平投影点

碰撞部位解决的是碰撞双方实体在自身某个部位与对方先接触并碰撞,一般表现为碰撞事故完成后,静止车体某部件的损坏或人体某部位的伤残,同时该部位与对方要先接触产生力的作用。水平投影是碰撞中先行接触部位在碰撞初始时刻在地面上的投影,它解决了此时刻运动体在道路上的定位问题。

(二) 不同类型事故碰撞接触点判断方法

交通事故中的碰撞形式有机动车碰撞行人、碰撞自行车、碰撞固定物体以及机动车相互碰撞等。碰撞的形式有正面碰撞、追尾碰撞、侧面碰撞等。不同类型的事故现场痕迹特征不同,判断接触点的方法也有所不同。碰撞接触点的判断通常分以下几种情况。

1. 汽车碰撞固定物体

汽车碰撞固定物体,如碰撞路边树木、电线杆、路灯、护栏等,无论碰撞后固定物(包括停驶的车辆)是否产生位移,用固定物体原始位置与汽车的接触点就能确定碰撞接触点。

2. 汽车碰撞行人或自行车

由于决定双方碰撞冲量的质量和速度相差悬殊,因此碰撞后汽车运动速度和运动方向不会明显变化。在这种情况下,碰撞位置必然在现场汽车停放位置的后方。根据遗留在路面上的自行车轮胎挫划痕迹或行人的鞋底挫划痕迹、被撞者身上或自行车上掉下来的物品等即可进行判断。轮胎的挫压痕迹起点通常对应着碰撞接触点。

3. 汽车正面相撞

汽车正面相撞时,由于两车均沿同一直线运动,碰撞后两车的停驶位置一般不会偏离原先的行驶方向。由于碰撞瞬间车辆前轴负荷突变前轮胎将在路面上留下较正常轮印宽而重的挫痕,长度很短,但仍然可以从制动印痕中区分出来。因此找到双方车辆前轮加重的印迹,碰撞接触点应位于两加重痕迹之间。正面碰撞中,汽车一般偏离其行驶方向的程度较小,如两车轮距不同,碰撞中一车后退,则两车轮交叠部分中后退车的轮印终端,就是两车相撞时该车的前轮位置,由此可推断出接触点。另外,还可根据碰撞掉落的前照灯玻璃等掉落物体判断碰撞接触点。

4. 追尾相撞

追尾碰撞中,后车受到较短的碰撞而减速时,会留下前轮加重的痕迹。前车虽然受到推移而加速,但通过前车的轮迹很难观察到变化情况。追尾碰撞也会造成前车尾灯与后车前照灯破碎的现象。追尾的后车碰撞行驶的前车,前车将在碰撞力的作用下加速,碰撞后两车一起向前运动,碰撞接触点应在停驶后的后车前保险杠之后。

四、评价与反馈

1. 自我评价

(1)通过本学习任务的学习,你是否已经知道以下问题的答案?

①在事故车辆碰撞损坏查勘时,应注意哪些问题?

_____

②在事故车辆碰撞定损中,应该注意哪些问题?

_____

(2)在事故车辆查勘中包括哪几大步骤?

_____

(3)实训过程完成情况如何?

_____

(4)通过本学习任务的学习,你认为自己的知识和技能还有哪些欠缺?

_____

签名:_____　　　　　　　　___年___月___日

2. 小组评价

表 5-1 为技能评价表。

技能评价表　　　　　　　　　　　表 5-1

序号	评价项目	评价情况
1	着装是否符合要求	
2	是否能合理规范地使用仪器和设备	
3	是否能按照安全和规范的流程操作	
4	是否能遵守学习、实训场地的规章制度	
5	是否能保持学习、实训场地整洁	
6	团结协作情况	

参与评价的同学签名:_____　　　　　　___年___月___日

3. 教师评价

_____

签名:_____　　　　　　　　___年___月___日

五、技能考核标准

考核的方式建议用每个人独立完成学习领域中的实训任务,培养学生独立自主完成任务的能力。实训任务综合性较强,可以根据学生完成实训任务的情况评价整个学习领域的学习效果。表 5-2 为技能考核标准表。

技能考核标准表 表 5-2

序号	项目	操作内容	规定分	评分标准	得分
1	事故车辆碰撞损坏分析	记录车辆铭牌信息	5分	记录信息是否全面,缺少一个信息扣2分	
2		防护用品安装情况	10分	是否正确安装"三件套"、车轮挡块,少安装一个扣5分	
3		查验客户"三证"是否齐全	15分	驾驶证、行驶证、保险单(电子保单),每少一个扣5分	
4		事故车辆碰撞损坏的原因分析	20分	事故车辆碰撞损坏的原因表述,每少一个扣5分	
5		事故车辆碰撞损坏查勘步骤	20分	对事故车辆碰撞现场查勘重点取证拍照等,少一项扣5分	
6		判断事故碰撞车辆是否属于保险责任	10分	根据所学知识判断是否属于保险责任,10分	
7		事故车辆碰撞损坏分析步骤	15分	对所有事故车辆部件拆解定损、观察受损情况,每少一个扣2分	
8		复位	5分	恢复车辆和场地,注意"5S"、安全	
		总分	100分		

学习任务6 车辆板件的损伤评估

☆知识目标
1. 掌握承载式车身结构钣金件的修复与更换；
2. 掌握非结构钣金件的修复与更换；
3. 掌握塑料件、玻璃制品及其他结构件的修复与更换。

☆技能目标
1. 能完成承载式车身结构钣金件的修复与更换；
2. 能完成非结构钣金件修复与更换的分析；
3. 能完成塑料件、玻璃制品及其他结构件修复与更换的分析。

☆课程思政目标
1. 提高实训作业操作规范和安全意识；
2. 培养团队协作能力。

建议课时

4课时。

任务描述

王先生的爱车速腾与一辆白色捷达车相撞之后，其立即拨打122向交警报案，同时也向承保的保险公司报了案，交警和保险公司查勘人员先后到达事故现场，交警判定王先生负主要责任，白色捷达车驾驶人负次要责任。作为保险公司的查勘人员，你查勘了事故现场，该如何定损呢？

一、理论知识准备

在汽车碰撞的损失评估中，受损零件修与换的标准是一个难题。在保证汽车修理质量的前提下，"用最小的成本完成受损部位修复"是评估受损汽车的原则。

（一）承载式车身结构钣金件修复与更换的掌握

碰撞受损的承载式车身结构件是修复还是更换？经过大量研究，得出关于损伤结构件修复与更换的一个简单判断原则,即"弯曲变形就修复,折曲变形就更换"。

1. 弯曲变形的特点

(1)损伤部位与非损伤部位的过渡平滑、连续。

(2)通过拉拔矫正可使其恢复到事故前的形状,而不会留下永久的塑性变形。

2. 折曲变形的特点

(1)弯曲变形剧烈,曲率半径小于3mm,通常在很短长度上弯曲可达90°以上。

(2)矫正后,零件上仍有明显的裂纹和开裂,或者出现永久变形带,不经调温加热处理不能恢复到事故前的状态。

3. 承载式车身结构件修复与更换的掌握

掌握了"弯曲"与"折曲"的概念后,可以将其作为判断承载式车身结构件是更换还是修复的依据。评估人员必须懂得:

(1)在车身折曲和随后的矫正过程中钢板内部发生了什么变化。

(2)为什么那些仅有一些小的折曲变形或有裂纹的大结构件也必须更换。

(3)当决定采用更换结构板件时,应完全遵照制造厂方的建议。

当需要切割或分割板件时,必须完全遵守制造厂方的建议,一些制造厂不允许反复分割结构板件,另一些制造厂规定只有在遵循厂定工艺时,才同意分割。所有制造厂家都强调,不要割断可能降低乘客安全性的区域、降低汽车性能的区域或者影响关键尺寸的地方。在我国,多数汽车修理企业没有做到完全按制造厂工艺要求更换车身结构件。所以,在我国应采用"弯曲变形就修复,折曲变形就可以更换",而不是"必须更换",从而避免产生更大的车身损伤。

(二)非结构钣金件修复与更换的掌握

非结构钣金件又称覆盖钣金件。承载式车身的覆盖钣金件通常包括可拆卸的前翼子板、车门、发动机罩、行李舱盖和不可拆卸的后翼子板、车顶等。

1. 可拆卸件的修复与更换

1)前翼子板

损伤程度没有达到必须将其从车上拆下来才能修复时,以及如整体形状还在,只是中间局部凹陷时,一般不考虑更换。损伤程度达到必须将其从车上拆下来才能修复，并且前翼子板的材料价格低廉、供应流畅，材料价格达到或接近整形修复的工时费时，应考虑更换。

当每米长度超过3个折曲、破裂变形，或已无基准形状时，应考虑更换（一般来说，当每米折曲、破裂变形超过3个时，整形和热处理后很难恢复其尺寸）。当每米长度不足3个折曲、破裂变形，且基准形状还在时，应考虑整形修复。当修复工时费明显小于更换费用时，应考虑以修理为主。

2）车门

如果门框产生塑性变形，一般来说是无法修复的，应考虑更换。许多车的车门面板是作为单独零件供应的，损坏后可单独更换，不必更换总成。其他同前翼子板。

3）发动机舱盖和行李舱盖

发动机舱盖和行李舱盖大多用两个冲压成形的冷轧钢板经翻边胶黏制成。判断其是否碰撞损伤变形，应看是否要将两层分开修理。如果不需分开，则不应考虑更换；若需分开整形修理，应首先考虑工时费加辅料费与其价值的关系，如果工时费加辅料费接近或超过其价值，则不应考虑修理，反之，应考虑修理。其他同车门。

2. 不可拆卸件修复与更换的掌握

碰撞损伤的汽车中最常见的不可拆卸件就是三厢车的后翼子板，由于更换它需从车身上将其切割下来，而国内绝大多数汽车修理厂在切割和焊接方面满足不了制造厂提出的工艺要求，从而造成车身新的损伤。所以，后翼子板只要有修理的可能都应修复，而不应和前翼子板一样存在值不值得修理的问题。

（三）塑料件修复与更换的掌握

基于降低车身自身质量的考虑，车身各种零部件越来越多地使用了各种塑料，特别是在车身前端，包括保险杠、格栅、挡泥板、防碎石板、仪表工作台、仪表板等。许多损坏的塑料件都可修复而不用更换，特别是不必从车上拆下零件，如划痕、擦伤、撕裂和刺穿等。此外由于某些零件不一定有现货供应，修理往往可迅速进行，从而缩短修理工期。

对于塑料件修复与更换的掌握，应考虑以下几个方面的因素：对于燃油箱及要求严格的安全结构件，必须考虑更换；整体破碎以更换为主；价值较低、更换方便的零件应以更换为主；应力集中部位，应以更换为主；基础零件，并且尺寸较大，受损以划痕、撕裂、擦伤或穿孔为主的，由于拆装麻烦、更换成本高或无现货供应,应以修理为主;表面无漆面的、不能使用氰基丙烯酸酯黏结法修理,且表面光洁度要求较高的塑料零件,由于修理处会留下明显的痕迹,一般应考虑更换。

1. 前、后保险杠及附件

保险杠主要起装饰及初步吸收碰撞能量的作用,大多用塑料制成。对于用热塑性塑料制成、价格昂贵、表面烤漆的保险杠,如破损不多,可焊接。保险杠饰条破损后基本以更换为主。保险杠使用内衬的多为中高档轿车,常由泡沫制成,一般可重复使用。对于铁质保险杠骨架,轻度碰撞常采用钣金修复,价值较低的中度以上的碰撞常采用更换的方法修复。铝合金的保险杠骨架修复难度较大,中度以上的碰撞多以更换为主。保险杠支架多为铁质,一般价格较低,轻度碰撞常用钣金修复,中度以上碰撞多为更换。保险杠处多为转向信号灯和雾灯,表面破损后多更换,对于价格较高的雾灯,且只损坏少数支撑部位的,常用焊接和黏结修理的方法修复。

2. 前护栅及附件

前护栅及附件由饰条、铭牌等组成。破损后多以更换为主。

(四) 玻璃制品的评估

目前,汽车上玻璃制品越来越多,如前后风窗玻璃、车窗玻璃、天窗玻璃、后视镜和灯具等。

1. 前、后风窗玻璃及附件

风窗玻璃因撞击而损坏时基本以更换为主。前风窗玻璃胶条有密封式和粘贴式,密封式无须更换胶条,粘贴式必须同时更换。粘贴在风窗玻璃上的内视镜,破损后一般以更换为主。需注意的是:后风窗玻璃为带加热除霜的钢化玻璃,价格可能偏高。有些汽车的前风窗玻璃带有自动灯光和自动刮水功能,价格也会偏高。

2. 天窗玻璃

天窗玻璃破碎时,一般需要更换。

3. 前照灯及尾灯

现代汽车灯具的表面多由聚碳酸酯(PC)或玻璃制成,若其调节螺钉损坏,则需更换,并重新校光。表面用玻璃制成的、破损后如有玻璃灯片供应的,可考虑更换玻璃灯片;若为整体式的结构,只能更换;若只是划痕,可以考虑通过抛光去除划痕;对于疝气前照灯,更换时应注意,疝气发生器是无须更换的;价格昂贵的前照灯,只是支撑部位局部破损的,可采取塑料焊接法修复。尾灯的损坏按照处理前照灯的方法处理。

(五) 车身内外装饰修与换的掌握

1. 仪表板及中央操纵饰件

仪表板因正面或侧面撞击常造成整体变形、皱褶和固定爪破损。若整体变形在弹性限度内,则待骨架校正后重新装回即可。皱褶影响美观,对美观要求较高的新车或高档车最好更换。因仪表板价格昂贵,老旧车型更换意义不大。少数固定爪破损常以焊修为主,多数固定爪破损以更换为主。

左右出风口常在侧面撞击时破碎,右出风口也常因二次碰撞被前排乘客右手支承时压坏。左右饰框常在侧面碰撞时损坏,严重的正面碰撞也会造成支爪断裂,均以更换为主。杂物箱常因二次碰撞被前排乘客膝盖撞破,一般以更换为主。严重的碰撞会造成车身底板变形,车身底板变形后会造成过道罩破裂,以更换为主。

2. 前座椅及附件、安全带

座椅及附件因撞击造成的损伤常为骨架、导轨变形和棘轮、齿轮跟切等。

骨架、导轨变形常可以校正,棘轮、齿轮根切通常必须更换棘轮、齿轮机构,许多车型因购买不到棘轮、齿轮机构常需更换座椅总成。

大多数安全带在中度以下碰撞后还能使用,但必须严格检验。前部严重碰撞的安全带,收紧器处会变形,从安全角度考虑,建议更换。中高档轿车上安装有安全带自动收紧装置,收紧器上拉力传感器感应到严重的正面撞击后,电控自动收紧装置会点火,引爆收紧装置,从而达到快速收紧安全带的作用。但安全带自动收紧装置必须更换。

3. A柱及饰件、前围、暖风系统、集雨栅等

A柱因碰撞产生的损伤多以整形修复为主。由于A柱为结构钢,当产生折弯变形时,以更换外片、整形整体为主要修复方式。A柱有上下内饰板,破损后一般以更换为主。前围多为结构件,整形与更换按结构件按整修与更换原则执行,A柱内饰板因撞击破损以更换为主。较严重的碰撞常会造成暖风机壳体、进气罩的破碎,以更换为主,暖风散热器、鼓风机一般在碰撞中不会损坏。集雨栅为塑

料件,通常价格较低,因撞击常造成破损,以更换为主。

4. B柱、侧车身、边梁、门槛及饰件等

B柱的修复与更换同A柱。车身侧面内饰的破损以更换为主。一般碰撞造成的边梁变形以整形修复为主。边梁保护膜是评估中经常遗漏的项目,只要边梁需要整形,边梁保护膜就要更换。门槛饰条破损后一般以更换为主。

5. 车身地板

车身地板常因撞击造成变形,以整修方式修复,对于整修无法修复的车身地板,基于现有修理能力,建议考虑更换车身总成。

6. 车顶及内外饰件

严重的碰撞和倾覆会造成车顶损伤。车顶损坏时,只要能修复,原则上不予更换。内饰的修复与车门内饰修复相同。落水槽饰条为铝合金外表烤漆,损伤后一般应予更换。

二、任务实施

1. 准备工作

(1)将实训车辆停放在实训工位。

(2)准备相关工具、"三件套"等。

(3)检查实训室通风系统设备、举升设备等工作是否正常。

2. 技术要求与注意事项

(1)车体周正、车体外缘左右对称部位高度差不得大于40cm。

(2)在进行油、水液位检查时,一定要可靠、平稳地停靠车辆。

3. 操作步骤

(1)与客户交流,记录车辆信息和建立联系。

(2)安装车辆防护用具。安装好座椅套、转向盘套、变速器操纵杆套、脚垫,确认驻车制动可靠实施,车辆挡块可靠安放。

(3)查勘员在接到调度后,确认保险责任到达现场后,查验客户"三证"是否齐全。

(4)按照查勘定损照片要求,先拍摄人车合影,到达现场后拍摄受损车辆照片。要会区分承载式车身(图6-1)和非承载式车身。

(5)目测车身损伤的范围,确定损伤是否限制在车身范围内,是否还包含功

图6-1　承载式车身

能部件或零配件。

（6）用适当的工具或仪器检查悬架和整个车身的损伤情况。

（7）对于钢板（热轧钢板、冷轧钢板、低碳钢、高强度钢等）、特殊金属板（防锈钢板、不锈钢、夹层制振钢板、铝合金等）、非金属材料（玻璃、塑料、黏合剂等）等所有车身钣金件的损伤进行识别。

（8）对所有车身结构件中铝合金材料、塑料件的损伤进行评估分析。

三、学习拓展

以国内最常见的三厢车为例，我们将车身结构分成三段来讲解，即前段、中段和后段。

（一）前段车身

前段又称车头部分，包括前保险杠和前围板之间的所有构件，如前纵梁、前横梁、散热器支架、翼子板挡泥板、减振器拱形座、防火板、车劲板等构件。

（1）前纵梁：通常以点焊焊接在防火板前面、翼子板挡泥板的下面，车身左右两侧各有一根。前纵梁通常是箱型构件，是承载式车身上强度最大的构件。

（2）前横梁：焊接在两侧纵梁之间，用于固定发动机和变速器总成，增大车身的横向强度。

（3）散热器支架：是一个相对独立的框架，位于车体结构的最前端，用来固定发动机散热器，通常用螺栓固定或焊接在纵梁和内翼子板之间。

（4）翼子板挡泥板：有时也称为内翼子板或翼子板裙板，其包围在车轮上方，通常用螺栓固定或焊接在纵梁和防火板上，车身左右两侧各有一个，对于增大前段车体强度具有重要作用。

（5）减振器拱形座：有时也称为减振器拱形座或减振塔，用来固定前悬架系统的减振器顶部，它的变形可能会影响车轮定位参数，因此强度要求很高。通常与翼子板挡泥板一体加工成形。

（6）防火板：有时也称为前围板或前壁板，介于发动机舱和乘客舱之间，是车身前段和中段的分界线。通常以焊接方式固定，对于保护车内乘员安全作用重大。

(7)车颈板:位于前风窗玻璃的正前方、防火板的上方,由上盖板和两侧盖板构成。

(二)中段车身

中段车身的主要结构件有车身底板、立柱、门槛板、车顶纵梁、车顶横梁等,它们焊接在一起构成乘客舱,为乘员提供安全、舒适的乘坐空间,可以有效保护乘员安全。

(1)车身底板:是乘客舱底部的主要结构件,通常是一整块冲压成形的大钢板。车身底板是全车焊接的基础件,是与各大总成连接的重要构件。

(2)立柱:对于常见的4门轿车,左右两侧各有3根立柱,分别称为前柱或A柱、中柱或B柱、后柱或C柱。

(三)后段车身

后段车身的很多构件与前段车身相似,如后纵梁、后减振器塔座、后翼子板、行李舱盖、后保险杠等。其中,后纵梁焊接在后段车身底部,通常是箱型构件,非常坚固,可为车身的后部提供足够的强度。

四、评价与反馈

1. 自我评价

(1)通过本学习任务的学习,你是否已经知道以下问题的答案?
①在车辆板件损伤评估时,应注意哪些问题?

_____

②在非金属结构件损伤评估时中,应注意哪些问题?

_____

(2)玻璃非结构损伤评估包括哪几大步骤?

_____

(3)实训过程完成情况如何?

_____

(4)通过本学习任务的学习,你认为自己的知识和技能还有哪些欠缺?

_____

签名:_____   ___年___月___日

2. 小组评价

表6-1为技能评价表。

技能评价表　　　　　　　　　　　　　　　　表6-1

序号	评 价 项 目	评 价 情 况
1	着装是否符合要求	
2	是否能合理规范地使用仪器和设备	
3	是否能按照安全和规范的流程操作	
4	是否能遵守学习、实训场地的规章制度	
5	是否能保持学习、实训场地整洁	
6	团结协作情况	

参与评价的同学签名：_____　　　___年___月___日

3. 教师评价

_____。

签名：_____　　　　　　　　　　　___年___月___日

五、技能考核标准

考核的方式建议用每个人独立完成学习领域中的实训任务，培养学生独立自主完成任务的能力。实训任务综合性较强，可以根据学生完成实训任务的情况评价整个学习领域的学习效果。表6-2为技能考核标准表。

技能考核标准表　　　　　　　　　　　　　　表6-2

序号	项目	操 作 内 容	规定分	评 分 标 准	得分
1	车辆板件的损伤评估	记录车辆铭牌信息	5分	记录信息是否全面，缺少一个信息扣2分	
2		防护用品安装情况	10分	是否正确安装"三件套"、车轮挡块，少安装一个扣5分	

项目二　车辆碰撞损伤评估

续上表

序号	项目	操 作 内 容	规定分	评 分 标 准	得分
3	车辆板件的损伤评估	查验客户相关证件是否齐全	15分	驾驶证、行驶证、保险单(电子保单),每少一个扣5分	
4		车辆板件损伤评估现场	20分	对车辆板件损伤评估情况进行表述,每少一个扣5分	
5		非结构板件损伤评估	20分	对非结构板件的损伤评估、取证拍照等,少一项扣5分	
6		玻璃制品的损伤评估	10分	根据所学知识评估玻璃制品的损伤,10分	
7		车内外装饰件的损伤评估步骤	15分	对车内外装饰件的损伤进行评估分析,10分	
8		复位	5分	恢复车辆和场地,注意"5S"、安全	
		总分	100分		

学习任务7　机械和电气部件的损伤评估

☆学习目标

☆知识目标

1.掌握发动机的损伤和评估;

2.掌握底盘损伤评估;

3. 掌握汽车电气设备损伤评估。

☆技能目标

1. 能完成发动机的损伤评估分析;
2. 能完成汽车底盘损伤评估分析;
3. 能完成电气设备损伤评估认知分析。

☆课程思政目标

1. 培养创新能力;
2. 树立全心全意为客户服务的意识,发扬真、善、美的传统美德。

建议课时

4课时。

任务描述

在保险期限内,刘某驾驶一辆桑塔纳轿车与一辆解放牌大型货车相撞,造成桑塔纳轿车发动机、底盘部分及电器部分严重损坏。接到报案后,你作为保险公司查勘定损人员到达现场后,应如何对损失进行评估?

一、理论知识准备

(一) 发动机评估分析

汽车发生一般故障时,发动机大多不会受到损伤。只有遭遇比较严重的碰撞、发动机拖底、发动机进水时,才可能导致其损坏。

1. 发动机及附件碰撞损坏认定及修复

1) 发动机附件

发动机附件因撞击产生破损和变形时以更换为主。油底壳轻度变形一般无须修理,放油螺塞处碰伤至中度以上的变形以更换为主。发动机支架及胶垫因撞击变形、破损以更换为主。进气系统因撞击破损和变形以更换为主。排气系统中最常见的撞击损伤形式为发动机移位造成排气管变形。由于排气管长期在高温下工作,氧化严重,通常无法整修。消声器吊耳因变形超过弹性极限而破损,也是常见的损坏现象,应更换。

2) 散热器及附件

由于中低档车的散热器价格较低,中度以上损伤一般可更换;高档车的价格较贵,中度以下损伤常可采用氩弧焊修复。但水室破损后,一般需更换,而水室在遭受撞击后最易破损。水管破损应更换。水泵带轮变形后通常以更换为主。风扇护罩轻度变形一般以整形校正为主,严重变形需更换。主动风扇与从动风扇的损坏常为叶片破碎,由于扇叶做成了不可拆式,破碎后需要更换总成。风扇传动带在碰撞后一般不会损坏,因正常使用也会磨损,拆下后如需更换,应确定是否系碰撞所致。

3)散热器框架

根据"弯曲变形修复,折曲变形更换"的基本原则,考虑到散热器框架形状复杂,轻度变形时可以钣金修复,中度以上的变形往往不易修复,只能更换。

4)铸造基础件

发动机缸体大多是用球墨铸铁或铝合金铸造。受到冲击荷载时,常常会造成固定支脚的断裂,而球墨铸铁或铝合金铸件都是可以焊接的。

一般情况下,发动机缸体的断裂是可以进行焊接的。当然,不论是球墨铸铁或铝合金铸件,焊接都会造成其变形。这种变形通常无法用肉眼看出,但由于焊接部位附近对形状尺寸要求较高,如在发动机汽缸壁附近产生断裂,用焊接的方法修复常常是行不通的,一般应考虑更换。

2. 发动机的拖底

发动机拖底后,往往会对机件造成一些损失,这些损失可以划分为直接损失和间接损失。

(1)直接损失:发动机拖底后,会造成油底壳凹陷;如果程度较重,还可能使壳体破损,导致机油泄漏;如果程度严重,甚至会导致油底壳里面的机件变形、损坏、无法工作。

(2)间接损失:发动机拖底以后,如果驾驶人没有及时熄火,油底壳内的机油将会大量泄漏,导致机油泵无油可泵,使发动机的曲轴轴瓦、连杆轴瓦得不到机油的充分润滑和冷却,轴瓦很快从干磨到烧蚀,然后与曲轴活塞抱死。另外,由于机油压力的降低,发动机的凸轮轴、活塞和汽缸缸筒也会因缺油而磨损。

3. 发动机进水后的损坏分析

如果汽车进了水,水就有可能通过进气门进入汽缸。由于发动机汽缸内已经进了水,在发动机的压缩冲程,活塞在上行压缩时,所遇到的不再只是混合气,还有水。由于水是不可压缩的,因此曲轴和连杆所承受的荷载便会极大地增加,有可能造成弯曲,在随后的持续运转过程中就有可能导致进一步的弯曲、断裂、甚至捣坏汽缸。

(二) 底盘评估分析

1. 机械零部件的定损

1) 铸造基础件

变速器、主减速器和差速器的壳体往往用球墨铸铁或铝合金铸造。受到冲击荷载时,常常会造成固定支架的断裂,而球墨铸铁或铝合金铸件都是可以焊接的。

变速器、主减速和差速器的壳体断裂可以焊接,但焊接会造成壳体的变形。这种变形虽然无法用肉眼看出,但会影响尺寸精度。若在变速器、主减速器和差速器等的轴承座附近产生断裂,用焊接的方法修复常常是行不通的,一般应考虑更换。

2) 悬架系统和转向系统零件

对于非承载式车身来说,车轮定位正确与否的前提是正确的车架形状和尺寸是否准确。对于承载式车身来说,正确的车轮定位前提是确定正确的车身定位尺寸。当车轮定位仪检测出车轮定位不合格时,用肉眼无法判断出具体损伤和变形的零部件,因此不要轻易作出更换某个零件的决定。

车轮外倾、主销内倾和主销后倾等都与车身定位尺寸密切相关。如果数据不对,应首先分析是否是因碰撞造成的。由于碰撞不可能造成轮胎磨损不均匀,故可通过检查轮胎磨损是否均匀,初步判断事故前的车轮定位情况。

检查车身定位尺寸。在消除了诸如摆臂橡胶套的磨损等原因校正好车身,使相关定位尺寸正确后,再做车轮定位检测。如果此时车轮定位检测仍不合格,再根据其结构、维修手册等判断其具体损伤部件,逐一更换检测,直到损伤部件得到确认为止。转向机构中的零件也存在类似的问题。

3) 车轮

轮辋遭撞击后以变形损伤为主,应更换。轮胎遭撞击后会出现爆胎时,应更换。轮罩遭撞击后常会产生破损,应更换。

4) 前悬架零件

承载式车身的汽车前纵梁及悬架座属于结构件,按结构件方法处理。前悬架系统及相关零部件包括制动盘、悬架臂、转向节、稳定杆和发动机托架等均为安全部件,变形后均应更换。对于减振器,主要鉴定是否在碰撞前已损坏。减振器是易损件,正常使用到一定程度会漏油,如果表面已有油泥,说明在碰撞前已损坏;如果表面无油迹,说明碰撞造成了弯曲变形,应更换。

5)转向系统及制动系统

转向系统及制动系统遭到撞击损伤后,从安全角度出发应更换。安装有安全气囊(SRS)的汽车,驾驶人气囊都安装在转向盘上,当气囊因碰撞引爆后,不仅要更换气囊,通常还要更换气囊传感器与控制模块等。需要注意的是,有些车型的碰撞传感器是与SRS/ECU(电子控制单元)一体安装的,要避免维修厂重复报价。变速器操纵系统遭撞击变形后,轻度的常以整形修复为主,中度以上的以更换为主。

6)后桥及悬架

后纵梁损坏时安前纵梁方法处理,其他与车身地板处理方法相似。备胎盖在严重的追尾碰撞中会破损,以更换为主。

7)变速器及传动轴

中低档轿车多为前轮驱动,碰撞常会造成外侧等角速万向节破损,需更换。有时还会造成半轴弯曲,也以更换为主。

变速器损坏后,内部机件基本都可独立更换,对齿轮、同步器、轴承等的鉴定,碰撞后只有断裂、掉牙才属于保险责任,正常磨损不属于保险责任,在定损中要注意界定和区分。

2. 自动变速器拖底后的处理

自动变速器拖底后的处理流程如下:

(1)报案。接到自动变速器拖底碰撞的报案后,立即通知受损车辆,就地熄火停放,请现场人员观察自动变速器下面是否有红色的液压油漏出(大部分自动变速器液压油为红色)。不允许现场人员移动车辆,更不允许任何人擅自起动发动机。

(2)根据查勘结果救援。根据现场查勘结果,分别采取不同的救援处理方案。假如自动变速器油底壳只有变形而没有漏油,可将受损车辆拖到附近修理厂。进行受损汽车的牵引时,原则上距离不要超过3km。变速器操纵杆应置于空挡位置,车速不得大于10km/h。假如认定自动变速器油底壳已经漏油或虽然没有漏油但离汽车修理厂路途较远,不允许直接牵引,要采用可以将受损车辆拖走的拖车,将其托运到汽车修理厂。

(3)修复处理。将受损车辆运到汽车修理厂修复。自动变速器壳体损坏后,一般情况下,只需更换壳体。

(三)电气设备评估分析

1. 蓄电池

蓄电池的损坏多以壳体4个侧面的破裂为主,应更换。

2. 发电机

发电机常见损伤为带轮、散热叶轮变形,壳体破损,转子轴弯曲变形等。带轮变形应更换;散热叶轮变形可校正;壳体破损、转子轴弯曲以更换发电机总成为主。

3. 刮水器系统

刮水器片、刮水器臂、刮水器电动机等因撞击损坏,主要以更换为主。而固定支架、联动杆等,中度以下的变形损伤以整形修复为主,严重变形需更换。刮水器喷水壶只在较严重的碰撞中才会损坏,损坏后以更换为主。刮水器喷水电动机、喷水管和喷水嘴被撞坏的情况较少,若撞坏以更换为主。

4. 冷凝器及制冷系统

空调冷凝器采用铝合金制成,中低档车的冷凝器一般价格较低,中度以上损伤一般可以更换;高档车的冷凝器价格较贵,中度以下损伤常可采用氩弧焊修复。储液罐因碰撞变形一般以更换为主。如果系统在碰撞中以开口状态暴露于潮湿的空气中时间较长,则应更换干燥器,否则会造成空调系统工作时的"冰堵"。

压缩机因碰撞造成的损伤有壳体破裂、带轮、离合器变形等,壳体破裂一般更换,带轮变形、离合器变形一般也更换。空调管有多根,一定要注明损伤的空调管是哪一根;汽车空调管有铝管和胶管两种,铝管常见的碰撞损伤有变形、折弯和断裂等,变形后一般校正;价格较低的空调管折弯、断裂时一般更换;胶管的破损一般需更换。

5. 电气设备保护装置

有些电器件在遭受碰撞后,外观虽无损伤,却显示"坏了",其实这有可能是假象。如果电路过载或短路就会出现大电流,导致导线发热、绝缘损伤,有可能酿成火灾。因此,电路中必须设置保护装置。熔断器、熔丝器、大限流熔断器和短路器都是过流保护装置,它们可单独使用,也可配合使用。碰撞会造成系统过载,相关保护装置会因过载而工作,出现断路,导致相关电器装置无法工作。此时只需更换相关的熔断器、熔丝链、大限流熔断器和断路器即可,无须更换相连的电器件。

二、任务实施

1. 准备工作

(1)将实训车辆停放在实训工位。

(2)准备相关工具、"三件套"等。

(3)检查实训室通风系统设备、举升设备等工作是否正常。

2. 技术要求与注意事项

(1)车体周正、车体外缘左右对称部位高度差不得大于40cm。

(2)在进行油、水液位检查时,一定要可靠、平稳地停靠车辆。

3. 操作步骤

(1)与客户交流,记录车辆信息和建立联系。

(2)安装车辆防护用具。安装好座椅套、转向盘套、变速器操纵杆套、脚垫,确认驻车制动可靠实施,车辆挡块可靠安放。

(3)查验客户"三证"是否齐全。

(4)查验事故车辆并拍照(图7-1),查勘发动机受损部位,需要拆解定损(图7-2),对发动机受损部位如发动机舱盖、缸体、油底壳等逐一登记记录。

图7-1 事故车辆　　图7-2 发动机连杆活塞受损图

(5)发动机附件因撞击破损和变形以更换修复为主,水管的破损一般以更换方式修复。

(6)底盘部分变速器及传动轴的损坏分析及修复。中低档轿车多为前轮驱动,碰撞常会造成外侧等角速万向节破损,常以更换方式修复,有时还会造成半轴弯曲变形,也以更换方式修复为主。

(7)变速器损坏后,内部机件基本都可独立更换,对齿轮、同步器、轴承等的鉴定,碰撞后只有断裂、掉牙才属于保险责任,正常磨损不属于保险责任,在定损中要注意界定和区分。从保险角度来看,变速器的损伤主要是拖底,其他类型的损伤极少。

(8)拆下变速器油底壳,若发现滑阀体断裂或箱体断裂,则要进行大的拆装和修复。

(9)轮辋遭撞击后以变形损伤为主,多以更换的方式修复;轮胎遭撞击后会出现爆胎现象,以更换方式修复;轮罩遭撞击后常会产生破损现象,以更换方式修复。

(10)在定损评估过程中应主动对所有电器件进行检测,如损坏进行更换。

三、学习拓展

(一)汽车电气设备常见损伤

众多保险事故实践表明,照明系统、空调系统、电源以及仪表等相应电气设备损坏频率较高。汽车遭遇碰撞事故,往往会损坏相应的电气设备。

(二)常见汽车电气设备的损伤评估方法及应用

1. 蓄电池损伤评估方法及应用

在碰撞事故中,蓄电池损坏的可能性相对较大。以往在进行定损及评估时,多是对电解液的泄漏情况、壳体破损或是检测电压的方式加以判断。鉴于蓄电池种类较多,采取传统方式难以有效且精准地定损及评估胶体类蓄电池损伤情况,导致车险处理面临难题。面对此类情况,驾驶人和保险公司想要得到精准化的信息,势必需要依靠专门进行蓄电池检测的设备实施检测,判断蓄电池的损坏程度。

2. 导线损伤评估方法及应用

对于汽车电气系统而言,导线属于基础性部分。事故有概率会导致导线断裂。现阶段,不少汽车厂商针对其旗下车辆选择专用工具来检修,这样对普通导线、光纤等进行定损时,可以尽可能使用维修的方法。

四、评价与反馈

1. 自我评价

(1)通过本学习任务的学习,你是否已经知道以下问题的答案?

项目二 车辆碰撞损伤评估

①在发动机损伤评估时,应注意哪些问题?

_____。

②在底盘损伤评估时,应该注意哪些问题?

_____。

(2)电气部件损伤评估,包括哪几大步骤?

_____。

(3)实训过程完成情况如何?

_____。

(4)通过本学习任务的学习,你认为自己的知识和技能还有哪些欠缺?

_____。

签名:_____   ___年___月___日

2. 小组评价

表7-1 为技能评价表。

技 能 评 价 表　　　　　　　表 7-1

序号	评 价 项 目	评 价 情 况
1	着装是否符合要求	
2	是否能合理规范地使用仪器和设备	
3	是否能按照安全和规范的流程操作	
4	是否能遵守学习、实训场地的规章制度	
5	是否能保持学习、实训场地整洁	
6	团结协作情况	

参与评价的同学签名:_____   ___年___月___日

3. 教师评价

_____。

签名:_____   ___年___月___日

五、技能考核标准

考核的方式建议用每个人独立完成学习领域中的实训任务,培养学生独立自主完成任务的能力。实训任务综合性较强,可以根据学生完成实训任务的情况评价整个学习领域的学习效果。表 7-2 为技能考核标准表。

技能考核标准表 表 7-2

序号	项目	操作内容	规定分	评分标准	得分
1	机械和电气部件的损伤评估	记录车辆铭牌信息	5 分	记录信息是否全面，缺少一个信息扣 2 分	
2		防护用品安装情况	10 分	是否正确安装"三件套"、车轮挡块，少安装一个扣 5 分	
3		查验客户相关证件是否齐全	15 分	驾驶证、行驶证、保险单（电子保单），每少一个扣 5 分	
4		机械和电气部件损伤评估现场表述	20 分	对机械和电气部件损伤评估情况进行表述，每少一个扣 5 分	
5		发动机损伤评估步骤	20 分	对发动机损伤部件进行评估，每少一项扣 5 分	
6		对底盘所有损伤部件进行评估	10 分	根据所学知识判断损伤部件受损情况，10 分	
7		对电气损伤部件进行评估	15 分	对所有电气损伤部件进行评估，15 分	
8		复位	5 分	恢复车辆和场地，注意"5S"、安全	
		总分	100 分		

项目三　车险事故现场查勘

学习任务8　车险事故现场痕迹物证鉴别

 **学习目标**

☆**知识目标**

1. 掌握交通事故现场车体痕迹的特点；
2. 掌握交通事故现场地面痕迹的特点；
3. 掌握交通事故痕迹物证勘验方法。

☆**技能目标**

1. 能够按要求完成事故现场勘验；
2. 能够利用事故现场痕迹物证分析事故；

☆**课程思政目标**

1. 培养严谨细致的工作作风；
2. 正确运用科学的方法解决问题。

建议课时

4课时。

 **任务描述**

某日22时30分许，李先生驾驶雪佛兰牌轿车途经某地，因疏于观察，导致车辆底部刮碰到路面固定物，车辆底部受损严重。李先生拨打保险公司的电话报案，保险公司查勘员小王接到调度后赶赴事故现场查勘。假如你是小王，请按流程完成此次事故的现场查勘工作，并给出是否立案的结论。

事故现场痕迹
常见现象

一、理论知识准备

（一）交通事故痕迹物证勘验

1. 交通事故痕迹物证的概念

交通事故痕迹物证是指遗留在交通事故现场或从交通事故现场带走，能证明交通事故真实情况的物品、物质和痕迹。

痕迹物证是事故过程中各相关事物相互作用直接遗留下来的客观实在,是交通事故真实情况最直接、最有力的客观证明,是分析交通事故原因、认定交通事故、追究肇事人法律责任最有力的证据。

2. 交通事故痕迹物证的分类

交通事故痕迹物证主要包括肇事车辆、人体、现场路面、固定物、附着物、散落物和各种痕迹。

1) 固定物

固定物是指在事故现场固定不动的,能够证明道路交通事故真实情况的物品,如钢板护栏、电线杆、树木等(图8-1)。

2) 附着物

附着物是指在交通事故中形成,黏附在肇事车辆、人体、路面及其他物体表面能证明交通事故真实情况的物质,如油漆、油脂、塑料、橡胶、毛发、纤维、血痕、人体组织、木屑、植物枝叶及尘土等微量附着物质(图8-2)。

图8-1　固定物

图8-2　附着物

3) 散落物

散落物是指遗留在交通事故现场,能够证明交通事故真实情况的物品或者物质,如损坏脱离的车辆零部件、玻璃碎片、油漆碎片、车辆装载物、结构性土沙碎块、人体抛落在地面上的穿戴物品和携带物品、人体被分离的器官组织、从其他物体上撞(擦)掉落在地面上的树皮、断枝、水泥及石头碎块等(图8-3)。

4) 各种痕迹

地面痕迹是指交通事故发生过程中,事故车辆轮胎和部件、人体以及与事故有关的物件等与地面接触而遗留在交通事故现场的痕迹,如轮胎痕迹、人的脚印等。

车体痕迹是指车辆在交通事故中与其他车辆、人体、物体接触,造成车辆变形和破损,而遗留在车体上的印迹,以及车体上的灰尘或其他附着物等缺失留下的印迹。

人体痕迹是指人员在交通事故中与车辆、道路、物体接触,遗留在人体衣着和体表上的印迹(图8-4)。

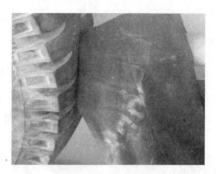

图8-3　散落物　　　　　　　图8-4　人体痕迹

其他物体痕迹是指交通事故中车辆或人体与路旁树木、护栏、道路交通设施等发生碰撞或刮擦,遗留在树木、护栏、道路交通设施等表面的痕迹。

3. 交通事故痕迹物证勘验的要求

1)应配备相应的勘验设备

勘验工作应配备相应的勘查车辆、勘查器材等装备,并采取有效的措施,确保勘验人员的安全。事故勘查车应配备反光指示牌、反光锥桶(图8-5)、反光背心(图8-6)、手持照明灯或车载照明设备等防护装备。现场勘验应配备测量仪器,如卷尺(图8-7),现场勘验照相设备,如数码照相机(图8-8),以及印泥、录音设备、手套、口罩等。

图8-5　反光锥桶　　　　　　图8-6　反光背心

图8-7　卷尺　　　　　　　　图8-8　数码照相机

2）勘验内容要有针对性

勘验人员应根据交通事故的类型及特点,仔细观察事故发生时涉及的肇事车辆、人员及有关物体的接触部位的形态及特征,确定勘验的重点部位。要沿着受力方向寻找接触部位周围的事故可疑物及有关的地面遗留物,有重点地勘验交通事故现场痕迹、物证及其相对位置。

3）应当进行痕迹比对

勘验中发现痕迹为承受客体的,应勘验、确定相应的造型客体(图8-9)。勘查和确定造型体和承受体接触部位,对于连续发生多次接触的,应准确认定造型客体和承受客体第一次接触时的具体部位(图8-10)。

图8-9　痕迹比对整体照

图8-10　确认第一次接触位置

4）痕迹物证测量

对已确定的交通事故痕迹、物证,应测量和记录交通事故痕迹的位置、长度、高度(图8-11)、宽度(图8-12)和方向;测量和记录车辆碰撞损坏变形形状及变形量(图8-13)。

图8-11　测量和记录痕迹高度

图8-12　测量和记录痕迹宽度

(二) 车体痕迹物证勘验

1. 车体痕迹的概念及特点

1) 车体痕迹的概念

车体痕迹是指车辆在交通事故中与其他车辆、人体、物体接触,造成车辆变形和破损,而遗留在车体上的痕迹,以及车体上的灰尘或者其他附着物等缺失留下的印迹。

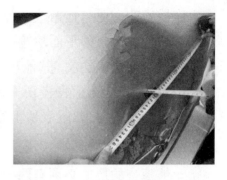

图 8-13 测量和记录变形量

2) 车体痕迹的特点

从车体痕迹的形成、研究内容及其体系来看,车体痕迹具有如下特点:

(1) 车体痕迹在交通事故现场出现的频率很高,多数车体痕迹形态特征明显,容易发现。

(2) 造型体与承受体之间往往有微量物质的交换或转移。

(3) 车体痕迹的形成机理非常复杂,碰撞力的大小、方向、角度、碰撞点等因素,都会影响车体痕迹的形成;有时还要考虑二次甚至多次碰撞对车体痕迹造成的影响。

(4) 车体痕迹的形成遵循运动学、力学等客观规律。

2. 车体痕迹的分类

车体痕迹勘验

1) 按痕迹的形成过程分类

(1) 直接损坏痕迹。直接损坏痕迹是由于车辆与静止障碍物,或者与其他行驶的车辆相撞,在车辆撞击部位所形成的痕迹。

(2) 传导损坏痕迹。传导损坏痕迹是指车辆碰撞所产生的应力,通过车辆的结构框架的传递,使车辆除了直接碰撞部位以外的其他相关部位发生形变,由此而形成的损坏痕迹。

(3) 二次损坏痕迹。二次损坏痕迹一般是由于货物或人体的运动而造成的。例如,驾驶人在发生碰撞时,其身体受力被压向转向盘并使其弯曲,这时,转向盘弯曲痕迹和人体胸部的体表痕迹均是二次损坏痕迹。

2) 按痕迹的形成机理不同分类

(1) 车体撞击痕迹。车体撞击痕迹按理想化模式可分为沿车辆纵向平行撞击和沿车辆横向垂直撞击两类,这两类痕迹可以较好地反映造型体的特征。

(2) 车体刮擦痕迹。车体刮擦痕迹是指车体与其他物体接触时,在接触表面产生摩擦力的方向与接触表面平行,在力的方向上发生较大位移的情况下形成的线状、带状、片状的平面痕迹或凹陷、撕裂等立体痕迹。

(3)其他车体痕迹。其他车体痕迹包括爆炸痕迹、燃烧痕迹等。在机动车盗窃案中,犯罪分子为了将盗窃来的机动车销赃,往往改变车辆颜色、变更机动车发动机号和车架号,此时会留下特殊的痕迹。

3. 车体痕迹的形成与鉴别

车体痕迹的形成必须有两个有形物体参加并且两个有形物体可以互为造型体和承受体。作用力的大小、方向、作用点会直接影响车体痕迹的形态和特征。两个相互接触的物体之间要有速度差。两接触物体表面的介质,一般是呈现痕迹的某种涂料或附着物质。

1)碰撞痕迹的形成与鉴别

车辆与其他物体接触,在机械作用力下,硬度和强度大的物体可以压入或划伤硬度和强度较小的物体,从而形成凹陷状痕迹(图8-14)和孔洞状立体痕迹(图8-15)。在鉴别时,应比对造型体和承受体痕迹的形状和位置。

图8-14 凹陷状痕迹

图8-15 孔洞状立体痕迹

2)分离痕迹的形成与鉴别

分离痕迹是一种特殊的痕迹,是指车辆的某一部件在碰撞力作用下,或因为车体严重变形受到挤压而断裂或分离成若干部分,所出现的分离线和断面痕迹。分离痕迹可分为粉碎性分离痕迹(图8-16)和断裂性分离痕迹(图8-17)。

图8-16 粉碎性分离痕迹

图8-17 断裂性分离痕迹

制动系、行驶系和转向系零部件的断裂与事故有着密切的关系。必须认真鉴别是因为要区分是断裂引起交通事故(疲劳断裂),还是先发生交通事故,而后造成断裂(脆性断裂)。

3)刮擦痕迹的形成与鉴别

车体刮擦痕迹的形成与车辆的质量、行驶速度、接触形式、接触部位、作用力方向和材料属性(硬度、塑性、弹性、韧性)等因素有关。车体刮擦痕迹一般在车体侧面,其宽度与造型体的外部几何形状有直接关系(图8-18、图8-19)。

图8-18 较严重的刮擦痕迹

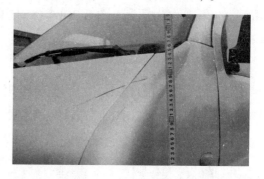
图8-19 较轻微的刮擦痕迹

4. 车体痕迹的勘验与分析

车体痕迹的勘验与分析,是在分别勘验的基础上进行的。车体痕迹勘验与分析的要点如下:

(1)了解造型体和承受体的运动状态。

(2)判断造型体和承受体的痕迹部位是否吻合。

(3)在考虑造型体和承受体的运动状态的基础上,确定痕迹的面积、高度、形成方向是否成立。

(4)检验痕迹部位微量物证的交换情况。

(5)对造型体和承受体的痕迹进行细节特征比对检验。

(三)地面痕迹物证勘验

地面轮胎痕迹是指车辆轮胎相对于地面做滚动、滑移等运动时,留在地面上的印迹。轮胎痕迹的形状取决于轮胎结构特征和轮胎相对于地面的运动状态,受轮胎的负荷、气压、规格的影响。

1. 不同运动状态下轮胎痕迹的区别

轮胎在地面上的基本运动状态是滚动和滑移,其中,滑移又分为横向滑移、纵向滑移和斜向滑移。运动状态不同,产生的痕迹就不同。

1)滚动

车辆轮胎相对于地面做纯滚动运动时,留在地面上的印迹称为滚印。滚印与胎面同宽,是能清晰反映轮胎胎面花纹形态、花纹组合、胎面磨损和机械损伤等特征的连续痕迹[图8-20a)]。

2)滚动和滑移的复合运动

车辆轮胎受制动力作用,沿行进方向相对地面做滚动、滑移复合运动时留在地面上的印迹称为压印[图8-20b)]。压印与胎面同宽,胎面痕迹在车辆行进方向有所延长,花纹显示逐渐模糊。

3)滑移

当轮胎受制动力作用,沿行进方向相对于地面做滑移运动时,留在地面上的印迹称为拖印[图8-20c)]。拖印为带状,宽度与胎面宽度基本一致,不显示胎面花纹。若轮胎胎面花纹为纵向花纹,拖印可以看到花纹沟的痕迹。

a)滚印　　　　　　b)压印　　　　　　c)拖印

图8-20　不同运动状态的轮胎痕迹

4)侧滑

汽车行驶时,当侧向作用力大于轮胎与路面间的横向附着力时,会偏离原行进方向而相对地面做斜向运动,此时留在地面上的印迹称为侧滑印。

(1)转向侧滑印。汽车高速急转向时,车身发生横向滑移,轮胎相对地面做斜向运动时留在路面上的印迹称为转向侧滑印。前后轮胎的路面痕迹基本相同,轮胎痕迹由均匀排列的斜向短划线组成,斜线向着前进方向的外侧,如图8-21所示。此时若能分辨清前后轮的印迹,也能判断出车辆的行驶方向。高速转弯时由于侧滑作用,后轮在外,前轮在内;低速时则是后轮印迹在内,前轮印迹在外,如图8-22所示。

外侧比内侧轮胎痕迹的颜色深而且断面宽(图8-23),这是因为汽车转向侧滑时,在离心力的作用下,车身向外侧倾斜,使得外侧轮胎对路面的正压力增大,内侧轮胎的垂直荷载减小。可以利用该特征判断车辆行驶方向。

外侧轮胎痕迹的颜色外深内浅。汽车转向侧滑时,外侧轮胎在垂直荷载、离心力和轮胎与路面之间的横向摩擦力的作用下会发生扭曲变形(图8-24)。

(2)碰撞侧滑印。汽车在运动中,被另一辆汽车碰撞,在碰撞冲击力的作用下,偏移原来行进方向,轮胎相对地面做斜向运动时留在路面上的印迹称为碰撞侧滑印。碰撞侧滑印的特征是：形状为折线；转折后的痕迹宽度比胎面宽度宽。因此，可利用碰撞侧滑印突然转折点的位置判断车辆碰撞时的位置。

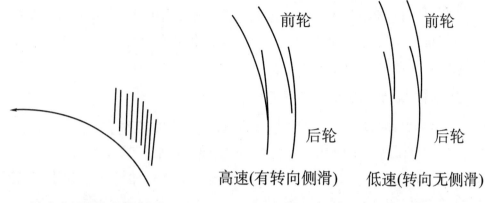

图 8-21　转向侧滑形成的斜线花纹　　　图 8-22　转向时的前后轮印迹

a) 内侧轮胎　　b) 外侧轮胎

图 8-23　内外侧轮胎痕迹的差别　　　图 8-24　轮胎形态

2. 不同气压、负荷时轮胎痕迹的区别

轮胎在一定负荷作用下会产生变形，胎侧的变形影响了胎面的形状，当胎面与地面有相对运动时，会产生不同的痕迹。

(1) 正常气压和负荷。正常情况下轮胎花纹全部与地面接触，荷载均匀地分布在接触面上。此时，轮胎的痕迹与胎面同宽，如图 8-25a) 所示。

a) 气压正常　　b) 气压过低　　c) 气压过高

图 8-25　轮胎气压与接地面

(2)气压过低或超载。气压过低或轮胎超载时,胎侧变形加大,胎面向里弯曲,大部分荷载加在胎面的两侧,轮胎痕迹两边重、中间轻,甚至形成双线痕迹,如图8-25b)所示。

(3)气压过高或空载。气压过高时或空载,胎侧变形小,胎面与路面接触力分布是中间多、两边少,甚至只有中间部分轮沟槽着地,印迹变窄,如图8-25c)所示。

3. 不同制动状态痕迹的区别

(1)正常制动状态。没有安装ABS(防抱死制动系统)的车辆,在正常的制动状态下,车轮保持制动时的运动方向,不跑偏、不侧滑,这时的轮胎痕迹是一条连续的从压印过渡到拖印的痕迹。装有ABS的车辆轮胎痕迹多为压印,轮胎痕迹偶尔为轻微拖印,轮胎痕迹轻淡、不易发现,轮胎痕迹容易消失。

(2)制动跑偏痕迹。制动跑偏是指在制动的过程中,车辆没有按照原来的运动方向继续做直线运动减速直至停止,而是自动地向左或向右偏驶。制动跑偏痕迹的主要特征有:轮胎痕迹一般为一条比较光滑的弧线,跑偏越严重,轮胎痕迹的弧线半径就越小,轮胎痕迹的弧线向制动力大的一侧偏斜;车轮两侧的痕迹不等长,外侧短,内侧长;只要不发生制动跑偏引起的后轴侧滑,前后两轮痕迹不重叠,后轴的轮胎痕迹位于前轴轮胎痕迹的内侧。

(3)制动侧滑痕迹。汽车侧滑是指汽车制动时,其某一轴的车轮或全部车轮抱死而发生横向滑移的现象。从侧滑开始点开始,侧滑的轮胎不再沿原来的行驶方向滑移,而是沿着与原行驶方向成一定角度的斜向滑移。后轮的痕迹偏向前轮痕迹的外侧。侧滑轮胎痕迹的宽度大于轮胎胎面的宽度。

4. 地面痕迹勘验与利用

(1)地面轮胎痕迹的勘验。勘验地面轮胎痕迹的种类、形状、方向、长度、宽度、痕迹中的附着情况,以及轮胎的规格、花纹等。装有ABS的车辆地面轮胎痕迹,其制动痕迹大多为压印,偶尔为轻微的拖印,具有轻淡、不易发现、易消失等特征。

图8-26 摩托车倒地划痕

(2)地面其他痕迹的勘验。勘验车辆(图8-26)、鞋底(图8-27)或其他物体留在地面上的挫划、沟槽痕迹(图8-28)的长度、宽度、深度,以及痕迹中心或起止点距道路边缘的距离,以此确定痕迹的造型客体。

图 8-27　行人鞋底挫痕

图 8-28　地面沟槽痕迹

二、任务实施

1. 准备工作

（1）道路交通事故案例素材准备；

（2）工单准备。

2. 技术要求与注意事项

（1）按步骤分析交通事故案例中提出的问题；

（2）利用交通事故现场中的车体痕迹分析事故；

（3）利用交通事故现场中的地面痕迹分析事故；

（4）按要求填写工单，要素齐全。

3. 操作步骤

（1）展示道路交通事故照片；

（2）教师提出问题；

（3）学生分组讨论；

（4）完成工单的填写；

（5）各组派代表展示分析成果；

（6）教师分析"归纳"总结。

三、学习拓展

人体痕迹

人体痕迹是指在道路交通事故中与车辆、道路、物体接触，遗留在人体衣着和体表上的痕迹。根据承受体不同，人体痕迹分为衣着痕迹和体表痕迹两类。

人体痕迹勘验

1. 衣着痕迹

衣着痕迹是指在道路交通事故中，人体与车辆、道路或其他物体接触，因撞击、刮擦、碾压、挤压和摩擦等，在人体穿着的衣服上形成的印迹。人体被车辆轮胎碾轧或碰撞后，便在人体衣着外表上形成轮胎碾轧痕迹和撞击痕迹。碾轧痕迹是指衣着被轮胎碾轧后，在衣着表面留下的胎面花纹、皱褶、撕裂或散点状破损等痕迹。撞击痕迹是指轮胎与人体相互撞击时，在衣着外表的受力部位形成的织物压平、光亮、起毛等现象。

2. 体表痕迹

体表痕迹是指在道路交通事故中，人体因受外力作用而造成损伤，在人体体表形成的印迹。车辆轮胎碾轧或抵轧人体时，在人体体表形成的痕迹称为人体体表轮胎痕迹。轮胎碾轧人体时，一般都可以在部位呈现胎面花纹样的皮下出血并伴有广泛性的表皮剥脱。表皮剥脱呈现有方向性的鳞片状痕迹。轮胎花纹的皮下出血痕迹则不一定立即呈现。

研究人体体表痕迹，主要是为了研究、确认其造型、致创主体及其部位；研究车辆上的什么部位碰撞了人体，以便进一步研究发生事故时双方相对位置，以及双方在接触前几秒内的行驶路线，为认定交通事故责任提供证据。

四、评价与反馈

1. 自我评价

(1) 通过本学习任务的学习，你是否已经知道如下问题的答案？

① 交通事故现场痕迹物证有哪几类？

_____。

② 不同运动状态下，轮胎在地面的痕迹有什么区别？

_____。

(2) 车体痕迹勘验分析的要点是什么？

_____。

(3) 实训过程完成情况如何？

_____。

(4) 通过本任务的学习，你认为自己的知识和技能还有哪些欠缺？

_____。

签名：_____　　　　　　　____年____月____日

2. 小组评价

表8-1为技能评价表。

技能评价表　　　　　　　　表8-1

序号	评价项目	评价情况
1	是否能识别车险事故现场痕迹物证	
2	是否能按照查勘流程进行事故案例分析	
3	是否能遵守学习、实训场地的规章制度	
4	是否能保持学习、实训场地整洁	
5	团结协作情况	

参与评价的同学签名：_____　　___年___月___日

3. 教师评价

_____。

签名：_____　　___年___月___日

五、技能考核标准

考核的方式建议采用小组协作、案例分析的方式完成学习领域中的实训任务，培养学生团队合作及问题分析的能力。实训任务综合性较强，可以根据学生完成实训任务的情况评价整个学习领域的学习效果。表8-2为技能考核标准表。

技能考核标准表　　　　　　　　表8-2

序号	项目	操作内容	规定分	评分标准	得分
1	车险事故现场痕迹物证鉴别	险情描述	10分	要素齐全得分	
2		车情描述	15分	要素齐全得分	
3		人情描述	10分	要素齐全得分	
4		损伤情况描述	10分	要素齐全得分	
5		复勘现场对比	10分	要素齐全得分	
6		判断接触部位	20分	结论正确得分	
7		分析事故发生过程	20分	结论正确得分	
8		给出立案结论	5分	结论正确得分	
		总分	100分		

学习任务9　车险事故现场照片拍摄

☆知识目标
1. 掌握车险事故现场照片拍摄的要求；
2. 掌握车险事故现场照片拍摄的内容；
3. 了解人伤事故现场照片拍摄的要求。

☆技能目标
1. 熟练运用车险事故现场拍摄技巧；
2. 能够完成车险事故现场照片拍摄。

☆课程思政目标
1. 树立严谨负责的职业操守；
2. 树立职业理想，初步养成适应职业要求的行为习惯。

2课时。

任务描述

王女士驾车时因观察不慎撞到路边隔离墩，致使车辆右前部受损。你作为查勘员赶赴事故现场查勘，请完成本次车险事故现场照片的拍摄工作。

一、理论知识准备

查勘照片拍摄是车险查勘员需要掌握的最基本的技能之一，层层审核环节均须涉及对查勘照片的审核，因此规范的查勘照片应该能够清晰、准确地反映案件信息。

（一）查勘照片拍摄的基本要求

一般情况下由外向内逐步深入拍照，即先拍现场方位，再拍现场概貌，然后拍现场重点部位，最后再拍现场细目。原则上应是先摄原始、后摄变动；先摄路面，后摄车身；先摄容易，后摄困难；先摄易被破坏、易消失

现场拍摄技巧

的,后摄不易破坏、不易消失的。上述原则要根据现场情况灵活运用。

拍摄现场方位照时,视角应该覆盖整个现场范围,拍照时注意突出一些永久性建筑物、里程碑、交通标志、电杆、街道名牌、门牌等标志物,如图 9-1 所示。现场概览照拍摄范围小于现场方位照,拍摄时应以现场中心为基点,从中远距离沿现场道路走向的相对两向位或者多向位分别拍摄,如图 9-2 所示。

图 9-1　现场方位照

图 9-2　现场概览照

现场中心照是指在较近距离拍摄道路交通事故现场中心、重要局部、痕迹的位置及其与有关物体的相对位置关系的照片,如图 9-3 所示。现场细目照是指采用近距或者微距拍摄道路交通事故现场路面、车辆、人体上的痕迹及有关物体特征的专门照片。拍摄视角应当覆盖整个痕迹,如图 9-4 所示。

图 9-3　现场中心照

图 9-4　现场细目照

(二) 常见查勘任务的照片拍摄步骤及要点

1. 现场查勘拍摄步骤

1) 环境照

拍摄环境照时,要求照片能够反映出现场车辆的位置和事故现场的全貌,有明显的参照标志物,如道路全貌(交叉路口情况、道路宽度)、路标、建筑物等。拍照的同时判断该地点有无发生此类车险事故的可能,并根据不同的情况确认查勘重点。

2）人车合影

拍摄时要求拍摄查勘人员、肇事驾驶人/证人和受损车辆拍摄照片,照片中应能看清车辆号牌。

3）整车照

要求呈45°拍摄车辆左前方和右后方照片,或者拍摄车辆右前方和左后方照片,要求照片能够反映车型全貌、清晰显示车牌号码,并且可以看到损失部位。

4）事故车信息拍摄

事故车信息拍照时拍摄车辆的VIN码(车辆识别代码,图9-5)、铭牌(图9-6)及发动机号等。VIN码是Vehicle Identification Number的简称,是为了识别车辆而指定的一组字码组成的代号,这个代号是由制造厂按照一定的规则,依据本厂的实际而制定的,是车辆的身份证,具有唯一性。

图9-5　VIN码

图9-6　车辆铭牌

5）损失照

拍摄损失照片时要拍摄损失部位的远景(图9-7)和近景(图9-8),沿着碰撞方向及与其相反的方向两个角度拍摄。拍摄损失部位远景要求对受损部位整体相向拍照,要能清晰反映事故车受损部位的范围和受损程度。拍摄损失部位近景时,对于损失部位比较隐蔽或较为微小的,还应针对该部位进行近距离局部拍摄,以确定碰撞痕迹,尤其要注意对隐损部位的拍摄。

图9-7　损失部位远景

图9-8　损失部位近景

拍摄定损照片时,需拍摄拆解前(图9-9)和拆解后(图9-10)的照片。拆解前的照片,反映了车辆损坏样貌的最初始状态,是分析车辆碰撞力度、分析事故成因以及排查隐损的重要依据,照片拍摄要尽量周全。

图9-9　损失部位拆解前照片　　　图9-10　损失部位拆解后照片

详细拍摄每一个损失项目,更换配件的应注意加贴易碎贴(易碎贴可通过查勘人签名防伪后拍摄以固定更换的配件),如图9-11所示。如拍摄底盘件,应遵循由前至后的顺序,对于悬挂件应先拍摄拆解前车轮的移位情况,然后再拍摄固定螺栓的位移情况,拆解前应对悬挂件贴上标签,做好拍摄记录。

拍摄电气元件(图9-12)时需拍摄配件标签或编码,以作为核价、核损的信息支持。针对线束的损坏,需对每束线分开拍摄,若有标签需拍摄标签照片。

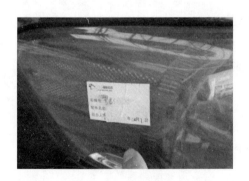 

图9-11　易碎贴　　　　　　　图9-12　电气元件

6)高度照

拍摄损失部位时还需拍摄高度照片,全景照片要求米尺要垂直于地面,尽量紧靠被测物体,能反映米尺从地面到被测点的全部图像,如图9-13所示。特写照片要求相机镜头与被测点在同一水平位置,以确保照片反映出的高度值准确无误,如图9-14所示。

图 9-13　损失部位高度远景　　图 9-14　损失部位高度特写

7)三者照

拍摄三者及三者损失照,要求对照片不能反映出的裂纹、变形,要用手指向损坏部位拍照或对比拍照或标识拍照。

8)证件照(驾驶证、行驶证、身份证、营运车相关资质证)

拍摄证件照时,正证、副证尽量分开拍摄,以保证所拍证件上的细节足够清晰;尽量不使用闪光灯拍摄;如遇光线亮度不够而必须使用闪光灯时,可将证件倾斜一定角度,以减少反光。

二、任务实施

1. 准备工作

(1)准备实训车辆;

(2)准备现场查勘工具,相机、米尺、反光背心等。

2. 技术要求与注意事项

(1)确保车辆平稳可靠停稳;

(2)正确使用现场查勘工具;

(3)按步骤完成模拟事故现场的照片拍摄。

3. 操作步骤

(1)拍摄环境照;

(2)拍摄人车合影;

(3)拍摄整车照;

(4)拍摄事故车辆信息,VIN 码、铭牌等;

(5)拍摄损失部位远景、近景;

(6)拍摄损失部位高度照;

(7)拍摄三者照；

(8)拍摄三者损失照；

(9)拍摄证件照；

(10)拍摄查勘单证照片。

三、学习拓展

索赔申请书

车险索赔申请书对车主的理赔起着关键作用，车主一定要认真、实事求是地填写。车险公司对车险索赔申请书进行认真审核后，最终将赔款打到车主在索赔申请书上填写的银行卡上。车险索赔申请书范本见表9-1。

机动车辆索赔申请书、委托书　　　　表9-1

_____公司：

本人(单位)就保险车辆(车牌：_____)____年____月____日____时，在____地点发生的事故向贵司申请索赔。本人(单位)承诺以下填写的内容以及提交的索赔资料真实有效，如有虚假、欺诈行为，愿意承担由此产生的所有法律责任，并委托贵司将本次事故赔款直接划入下述提供的银行账号。

本人(单位)同意：自贵司支付赔款之日起将本次赔偿金额范围内对第三方之赔偿权转让给贵司。

被保险人		保单号	交强险：□□□□□□□□□□□□□□□□ 商业险：□□□□□□□□□□□□□□□□
驾驶员		联系电话	□□□□□□□□□□□
事故描述	□碰撞固定物体_____ □停放受损(损失：□普通车损 □车身划痕 □玻璃单独受损 □车灯、倒车镜单独受损) □碰撞其他车辆_____ □碰撞非机动车或行人_____ □自然灾害(细分：□暴雨 □雷击 □滑坡 □泥石流 □雹灾 □地陷 □其他____) □全车被盗抢　□其他：_____		
索赔损失	□标的车辆损失　□第三者车辆损失(车牌：_____)　□第三者物品损失_____ □车上人员伤亡(□伤者：_____　□死者：_____) □第三者人员伤亡(□伤者：_____　□死者：_____)		
赔偿义务	□被保险人已全部履行对第三者的赔偿责任，赔偿¥_____元。 □被保险人已部分履行对第三者的赔偿责任，赔偿¥_____元。		

续上表

委托划款	(赔款支付到多个账户的,本栏无须填写,请划"×",并另外提供书面委托付款说明) 本次事故全额赔款支付到以下银行账号: □被保险人账户　□事故中受害人账户 □修理厂账户　□其他第三方账户 开户银行:_____ 户　　名:_____ 账　　号:_____ 收款人电话:□□□□□□□□□□□(或:□同被保险人) 备注:非被保险人本人领取赔款需保险公司工作人员与被保险人当面确认。保险公司见证人:_____	被保险人为个人的,请在此处粘贴身份证复印件(或原件放置于此扫描)。 被保险人为单位的,请提供营业执照复印件。另根据《中华人民共和国反洗钱法》规定,赔款金额超过人民币1万元的,需提供有效的企业法人代表身份证件、营业执照、组织机构代码证、税务登记证复印件。敬请配合。
索赔资料交接确认	□被保险人身份证复印件　□行驶证复印件　□驾驶证复印件 □事故证明　□车辆维修发票:____张____元　□施救费 □伤者身份证复印件　□病历 □医疗发票:____张____元　□费用清单　□财物损失凭证:____张 □其他_____(更多请另附交接单)	保险公司确认: 部门:_____ 姓名:_____ 电话:_____
其他事项说明:		

被保险人签名(签章):

被保险人联系电话:□□□□□□□□□□□　　年　月　日

四、评价与反馈

1. 自我评价

(1)通过本学习任务的学习,你是否已经知道如下问题的答案?
①应该按照什么样的步骤拍摄事故现场照片?

_____。

②整车照片的拍摄要点和基本要求是什么?

_____。

(2)事故现场查勘时需要拍摄哪些照片?

_____。

(3)实训过程完成情况如何?

_____。

(4)通过本任务的学习,你认为自己的知识和技能还有哪些欠缺?

_____。

签名:_____　　　　　____年____月____日

2. 小组评价

表9-2为技能评价表。

技能评价表　　　　　　　　　表9-2

序号	评 价 项 目	评 价 情 况
1	是否能按照规范的流程拍照	
2	是否能正确运用拍摄技巧	
3	是否能遵守学习、实训场地的规章制度	
4	是否能够保持学习、实训场地整洁	
5	团结协作情况	

参与评价的同学签名：_____　　___年___月___日

3. 教师评价

_____。

签名：_____　　　　　　　　　　　　___年___月___日

五、技能考核标准

考核的方式建议用每个人独立完成学习领域中的实训任务，培养学生独立自主完成任务的能力。实训任务综合性较强，可以根据学生完成实训任务的情况评价整个学习领域的学习效果。表9-3为技能考核标准表。

技能考核标准表　　　　　　　　　表9-3

序号	项目	操 作 内 容	规定分	评 分 标 准	得分
1	车险事故现场照片拍摄	拍摄事故现场环境照	5分	照片要素齐全、清晰得分	
2		拍摄人车合影照	5分	照片要素齐全、清晰得分	
3		拍摄整车照	10分	照片要素齐全、清晰得分	

续上表

序号	项目	操作内容	规定分	评分标准	得分
4	车险事故现场照片拍摄	VIN码拍照	5分	照片要素齐全、清晰得分	
5		拍摄事故车损失照片	20分	照片要素齐全、清晰得分	
6		拍摄事故车损失部位高度照片	10分	照片要素齐全、清晰得分	
7		拍摄证件照片	15分	照片要素齐全、清晰得分	
8		拍摄三者照片	10分	照片要素齐全、清晰得分	
9		查勘资料拍照	10分	照片要素齐全、清晰得分	
10		查勘工具使用	10分	照片要素齐全、清晰得分	
		总分	100分		

学习任务10　缮制车险事故现场查勘报告

学习目标

☆ 知识目标

1. 掌握车险事故现场查勘记录填写要素；
2. 掌握事故现场图图形符号的含义。

☆ 技能目标

1. 能够缮制车险事故现场查勘记录；
2. 能够绘制车险事故现场草图。

项目三 车险事故现场查勘

☆ 课程思政目标

1. 树立客户至上的服务意识；
2. 培养职业洞察力和沟通能力。

建议课时

2课时。

任务描述

王女士驾车时因观察不慎撞到路边隔离墩,致使车辆右前部受损。查勘员小李赶赴事故现场进行查勘。假如你是小李,请你缮制本次车险事故现场查勘报告。

一、理论知识准备

(一) 事故现场查勘记录

现场查勘记录是理赔案卷中重要的材料之一,也是查勘人员的重要工作记录。查勘记录的撰写要求实事求是,对是否第一现场查勘、复勘第一现场,还是没有查勘第一现场均应如实填写,手工填写的查勘人员应当签名并事后录入系统。

现场查勘记录的主要内容包括出险情况、车辆情况、道路情况、报案情况,重点客观表述现场所见情况,对碰撞痕迹、事故发生原因、驾驶人状态进行分析。分析内容主要围绕保险条款要素,但不对是否构成保险责任进行结论性分析。事故查勘记录表见表10-1。

××保险公司机动车辆保险事故现场查勘记录表　　表10-1

报案编号：

	序号	标的车(A)	第三者(B)	第三者(C)
现场询问查勘情况	车牌号码			
	厂牌型号			
	保险情况	□平安(　　公司)	□平安(　　公司)	□平安(　　公司)
	交强险保单号码			
	商业险保单号码			
	被保险人			

续上表

现场询问查勘情况		被保险人电话			
		肇事驾驶人姓名			
		驾驶人联系电话			
	其他保险信息	被保险机动车出险时的使用性质	□家庭自用	□营业	□非营业
		被保险机动车行驶证年审是否在有效期内		□是	□否
		被保险机动车驾驶人驾驶证是否在有效期内		□是	□否
		被保险机动车驾驶人准驾车型与实际驾驶车辆是否相符		□是	□否
		被保险机动车发生事故时的肇事人是否为合同约定的驾驶人		□是	□否
		被保险机动车驾驶人是否为饮酒或醉酒驾车		□是	□否
		专用机械车、特种车是否有有效操作证、资格证		□是	□否
		出险地点是否发生在合同约定的行驶区域以外		□是	□否
		是否存在其他条款规定的责任免除或增加免赔率的情形		□是	□否
	出险时间		出险地点		
	查勘时间		查勘地点		
	事故经过:				
	标的车损失情况:		现场类型:□原位置 □移动 □恢复 □其他 现场草图:		
	估损金额:				北 ↑ 南
	第三者损失情况:				
	估损金额:				
查勘结论	责任初步认定:A车负_____责任;B车负_____责任;C车负_____责任。 事故处理方式:□交警 □自行协商 □保险公司 □其他( ) 立案建议:□立案 □不立案 □待确定(原因:)				
	其他需说明的事项:				
本人对以上情况认定属实,同意上述意见,如有虚假,愿承担法律责任。 查勘人员到达现场时间_____min 对查勘人员服务是否满意: □是 □否 肇事驾驶人签名:A_____ B_____ C_____					

查勘人(签名):_____、_____   查勘人联系电话:_____、_____

(二)绘制交通事故现场草图

交通事故现场草图是使用规定的图形符号,以正投影原理,按一定比例将交通事故现场上的各种交通元素以及有关的痕迹、物证和地形、道路等之间的位置关系等绘制在图纸上的示意图。现场图能够形象地记录道路交通事故现场的原始状态，使没有参加现场勘查的人，能够根据现场图，建立起对道路交通事故现场的总体认识，了解现场查勘的结果。

1. 图线规格

《道路交通事故现场图绘制》(GA/T 49—2014)规定了道路交通事故现场图绘制中各种图线的名称、形式、代号、量度，见表10-2。

图　线　规　格　　　　　　　　　　　　表10-2

图线名称	图线形式及代号	图线量度	一　般　应　用
粗实线	——————— A	b	A1——可见轮廓线 A2——图例图形线
细实线	——————— B	约0.3b	B1——尺寸线及尺寸界线 B2——剖面线 B3——引出线 B4——说明示意线 B5——范围线、辅助线 B6——较小图例的图形线
波浪线	～～～ C	约0.3b	C1——断裂处的边界线 C2——变形处的边界线
双折线	—/\— D	约0.3b	D1——断裂处的边界线
虚线	- - - - - - - F	约0.3b	F1——不可见轮廓线 F2——延长线
点划线	— · — · — G	约0.3b	G1——设立的测量基线 G2——对称中心线 G3——轨道线 G4——分界线

2. 图形符号

绘制交通事故现场图的图形符号应符合《道路交通事故现场图形符号》

(GB/T 11797—2005)的规定。《道路交通事故现场图形符号》(GB/T 11797—2005)中未作规定的,可按实际情况绘制,在说明栏中注明。

(1)机动车图形符号。机动车图形符号见表10-3。

机动车图形符号　　　　　　表10-3

含义	图形符号	备注	含义	图形符号	备注
客车平面		大、中、小、微(除轿车越野车外)	电车平面		包括有轨电车、无轨电车
客车侧面		大、中、小、微(除轿车越野车外)	电车侧面		
轿车平面		包括越野车	正三轮机动车平面		包括三轮汽车和三轮摩托车
轿车侧面		包括越野车	正三轮机动车侧面		
货车平面		包括重型货车、中型货车、轻型货车、低速载货、专项作业车	侧三轮摩托车平面		
货车侧面		按车头外形选择(平头货车)	普通二轮摩托车		包括轻便摩托车
货车侧面		按车头外形选择(长头货车)	轮式拖拉机平面		

续上表

含义	图形符号	备注	含义	图形符号	备注
牵引车平面			轮式拖拉机侧面		
牵引车侧面			手扶拖拉机平面		
挂车平面		含全挂车、半挂车	手扶拖拉机侧面		
挂车侧面			轮式自行机械平面		

（2）非机动车图形符号。非机动车图形符号见表10-4。

非机动车图形符号　　　　表10-4

含义	图形符号	备注	含义	图形符号	备注
自行车			三轮车		
残疾人用车平面			人力车		
残疾人用车侧面			畜力车		

（3）人体图形符号。人体图形符号见表10-5。

人体图形符号　　　　　　　　　　　　　　　　表10-5

含义	图形符号	备注	含义	图形符号	备注
人体	🧍		伤体	🧍	
尸体	🧍				

(4) 牲畜图形符号。牲畜图形符号见表10-6。

牲畜图形符号　　　　　　　　　　　　　　　　表10-6

含义	图形符号	备注	含义	图形符号	备注
牲畜	▽		伤畜	▼	
死畜	▼				

(5) 道路及道路安全设施图形符号。道路及道路安全设施图形符号分为道路结构、功能图形符号和安全设施图形符号。道路结构、功能图形符号见表10-7，安全设施图形符号见表10-8。

道路结构、功能图形符号　　　　　　　　　　　表10-7

含义	图形符号	备注	含义	图形符号	备注
道路	═	道路线形按实绘制	涵洞		
上坡道	*i* ↗	*i*为坡度	隧道		
下坡道	*i* ↘	*i*为坡度	路面凸出部分		
人行道			路面凹坑		

续上表

含义	图形符号	备注	含义	图形符号	备注
道路平交口			路面积水		
道路与铁路平交口			雨水口		
施工路段			消防栓井		
桥			路旁水沟		
漫水桥			路旁干涸水沟		
路肩					

安全设施图形符号　　　　　　　　　　　表10-8

含义	图形符号	备注	含义	图形符号	备注
信号灯		包括车道信号灯、方向指示信号灯。可水平或垂直放置	禁令标志		
人行横道灯		包括非机动车信号灯,灯色自上向下为红色、绿色	警告标志		

续上表

含义	图形符号	备注	含义	图形符号	备注
黄闪灯	▢		指示标志	○	
计时牌	🔳		指路标志	▭	
隔离桩（墩、栏）	—×—×—		安全镜	⊘	
隔离带（或花坛）	▭		汽车停靠站	⌐	
安全岛	⬭		岗台(亭)	◎	

(6) 土地利用、植被和地物图形符号。土地利用、植被和地物图形符号见表10-9。

土地利用、植被和地物图形符号　　　　表 10-9

含义	图形符号	备注	含义	图形符号	备注
树木侧面	△		路灯	⊤	
树木平面	△		里程碑	K	
建筑物	▰		窨井	井	
围墙及大门	▬ ▬		邮筒	▭	
停车场	P		消防栓	⊤	

续上表

含义	图形符号	备注	含义	图形符号	备注
加油站			碎石、沙土等堆积物		外形根据现场实际情况绘制
电话亭			高速公路服务区		
电杆			其他物品		中间填写物品名称

(7)动态痕迹图形符号。动态痕迹图形符号见表10-10。

动态痕迹图形符号 表10-10

含义	图形符号	备注	含义	图形符号	备注
轮胎滚印			挫划印		
轮胎拖印	L	L 为拖印长,双胎则为:	自行车压印		
轮胎压印			血迹		
轮胎侧滑印			其他洒落物		画出范围图形,填写名称

(8)交通现象图形符号。交通现象图形符号见表10-11。

交通现象图形符号 表10-11

含义	图形符号	备注	含义	图形符号	备注
接触点			非机动车行驶方向		

续上表

含义	图形符号	备注	含义	图形符号	备注
机动车行驶方向	⟵		人员运动方向	⟵ (虚线)	

(9) 其他图形符号。其他图形符号见表 10-12。

其他图形符号　　　　　　　　　　　　　　　　表 10-12

含义	图形符号	备注	含义	图形符号	备注
方向标	↑	方向箭头指向北方	风向标	$\vdash^{X}$	X 为风力级数

对重大赔案的查勘应当绘制现场草图，事故现场草图应在出险现场当场绘制，边查勘、边绘制、边标注，所以草图可能不工整，但内容必须完整。根据出险事故现场情况，进行图面构思。根据需要加注文字说明，检查图中各图例是否与现场相符、尺寸有无遗漏和差错。经核对无误后，由绘图人、当事人签名。

二、任务实施

1. 准备工作

(1) 准备车险事故案例；

(2) 准备车险查勘记录单、笔等。

2. 技术要求与注意事项

(1) 正确填写车险查勘记录单；

(2) 正确绘制车险事故现场草图。

3. 操作步骤

(1) 填写车辆信息；

(2) 填写人员信息；

(3) 确认保险信息；

(4) 确认出险时间、地点；

(5) 填写查勘时间、地点；

(6) 确认损失情况及金额；

(7)绘制现场草图；
(8)给出查勘结论；
(9)客户、查勘人员签章。

三、学习拓展

车险人伤查勘步骤及内容

事故发生后，如果涉及人员受伤，随着时间的推移，费用逐渐发生且可变性很大，同时可能存在不合理的医疗费用，加之损伤、疾病共同存在，费用难以区分，而且在医疗过程中医源性损害也可能导致费用增加。因此，进行车险人伤查勘对理赔具有非常重要的意义。车险人伤查勘的步骤及内容如下：

(1)电话沟通被保险人，约定陪同查勘时间，或单独前往医院查勘；
(2)若伤者未住院，则向护士或医生了解伤者基本情况；
(3)若伤者已经住院，则在查勘住院病人一览表后记录伤者住院号码、诊断、年龄、护理级别等内容；
(4)了解基本情况后，进入病房，看望伤者；确定伤者后，递交名片，进行自我介绍；
(5)查看伤情，并表达同情、关心，缓解伤者的压力，向伤者宣传保险知识和有关法律法规，征求伤者同意后拍摄伤情照片；索要身份证复印件，以备后用；
(6)询问伤者或其家属、护理人员等，详细了解事故发生经过、救治经过、伤者既往病史、护理人员状况、家庭成员状况等内容，做询问笔录，并根据案情进行录音；
(7)核对伤者身份和病情，根据伤者伤情初步判定事故真实性，判定伤情是否符合该事故创伤方式，归纳案件风险要点并作相应处置；
(8)对于事故事实明确、证据充分且损失不超过一定限额的案件，现场可以明确该案免赔或者部分免赔的，做好解释沟通工作并及时向保险公司汇报；
(9)寻找管床医生，了解伤者病情，问清楚诊断、治疗方式、后续治疗时间、合计治疗费用、是否遗留功能障碍等内容，积极防止产生不合理费用；
(10)向护士查询当前费用并做记录，拍摄伤者X光片；
(11)医院查勘完毕，及时向客户告知有关信息，交代客户在后续事故处理过程中需要注意的问题。

四、评价与反馈

1. 自我评价

(1) 通过本学习任务的学习,你是否已经知道如下问题的答案:

① 现场图图形符号包括哪几类?

_____。

② 轮胎在地面遗留的动态痕迹的图形符号有哪些?

_____。

(2) 车险事故现场查勘记录单的要素有哪些?

_____。

(3) 实训过程完成情况如何?

_____。

(4) 通过本任务的学习,你认为自己的知识和技能还有哪些欠缺?

_____。

签名:_____　　　___年___月___日

2. 小组评价

表10-13为技能评价表。

技能评价表　　　　　　　表10-13

序号	评价项目	评价情况
1	是否能按照填写要求缮制查勘记录单	
2	是否能运用正确的图形符号绘制现场草图	
3	是否能遵守学习、实训场地的规章制度	
4	是否能保持学习、实训场地整洁	
5	团结协作情况	

参与评价的同学签名:_____　　　___年___月___日

3. 教师评价

_____。

签名:_____　　　___年___月___日

五、技能考核标准

考核的方式建议用小组协作、角色扮演的方式完成学习领域中的实训任务,培养学生团队协作的能力。实训任务综合性较强,可以根据学生完成实训任务的情况评价整个学习领域的学习效果。表 10-14 为技能考核标准表。

技能考核标准表　　　　　　　　　　表 10-14

序号	项目	操 作 内 容	规定分	评 分 标 准	得分
1	缮制车险事故现场查勘报告	填写车辆信息	10 分	要素齐全准确,得分	
2		填写人员信息	10 分	要素齐全准确,得分	
3		确认保险信息	10 分	要素齐全准确,得分	
4		确认出险时间、地点	10 分	要素齐全准确,得分	
5		填写查勘时间、地点	10 分	要素齐全准确,得分	
6		确认损失情况及金额	10 分	要素齐全准确,得分	
7		绘制现场草图	10 分	要素齐全准确,得分	
8		给出查勘结论	10 分	要素齐全准确,得分	
9		填写其他说明事项	10 分	要素齐全准确,得分	
10		客户、查勘人员签章	10 分	要素齐全准确,得分	
		总分	100 分		

学习任务 11　车险欺诈案件的现场查勘处理

学习目标

☆ **知识目标**

1. 掌握保险欺诈的定义;
2. 理解汽车保险欺诈的类型;
3. 掌握车险欺诈的鉴别技巧。

☆ **技能目标**

1. 能够鉴别保险欺诈案例;
2. 能够制作车险事故询问笔录。

☆ **课程思政目标**

1. 树立遵纪守法、爱岗敬业的意识;

2. 提高辨识能力和社会责任意识。

建议课时

4 课时。

任务描述

某日 22 时 30 分,孙先生报案称在驾驶车辆过程中为躲避骑自行车横穿道路的小孩,车辆撞到路边大树上,造成车辆左前部严重受损,但无人员受伤。接到调度后,你立即赶赴现场查勘。作为查勘员,你该如何完成此次事故的查勘?请根据案情缮制询问笔录。

一、理论知识准备

(一)保险欺诈

1. 保险欺诈的定义

投保方欺诈是指投保人一方不遵守诚信原则,故意隐瞒有关保险标的的真实情况,诱使保险人承保,或者利用保险合同内容,故意制造、捏造保险事故或伪造、变造保险事故资料以谋取保险赔付金的行为。

保险人欺诈是指保险人在缺乏必要偿付能力或未经批准擅自经营业务,利用拟订保险条款和保险费率的机会,或夸大保险责任范围诱导、欺骗投保人和被保险人的行为。欺诈的主要表现有:引诱欺诈投保或暗示投保人不如实告知,或超额承保,私下许诺给予回扣及其他利益,或与投保人串通共同谋骗;保险公司工作人员利用职务上的便利,故意编造未曾发生的保险事故,虚假理赔,或与被保险人、受益人串通涂改保险合同档案资料,使之符合保险事故条件,私分保险赔偿金。

2. 汽车保险欺诈的定义

汽车保险欺诈是指在汽车保险交易中发生的各类保险欺诈行为,涉及的主体主要有保险人、被保险人、保险中介、汽车修理厂、医疗机构、警察等。根据《中华人民共和国刑法》规定,有下列情形之一,进行保险诈骗活动,数额较大的,处 5 年以下有期徒刑或者拘役,并处 1 万元以上 10 万元以下罚金;数额巨大或者有其他严重情节的,处 5 年以上 10 年以下有期徒刑,并处 2 万元以上 20 万元以下罚

金;数额特别巨大或者有其他特别严重情节的,处10年以上有期徒刑,并处2万元以上20万元以下罚金或者没收财产:

(1)投保人故意虚构保险标的,骗取保险金的;

(2)投保人、被保险人或者受益人对发生的保险事故编造虚假的原因或者夸大损失的程度,骗取保险金的;

(3)投保人、被保险人或者受益人编造未曾发生的保险事故,骗取保险金的;

(4)投保人、被保险人故意造成财产损失的保险事故,骗取保险金的;

(5)投保人、受益人故意造成被保险人死亡、伤残或者疾病,骗取保险金的。

有《中华人民共和国刑法》第四项、第五项所列行为,同时构成其他犯罪的,依照数罪并罚的规定处罚。单位犯第一款罪的,对单位判处罚金,并对其直接负责的主管人员和其他直接责任人员,处5年以下有期徒刑或者拘役;数额巨大或者有其他严重情节的,处5年以上10年以下有期徒刑;数额特别巨大或者有其他特别严重情节的,处10年以上有期徒刑。保险事故的鉴定人、证明人、财产评估人故意提供虚假的证明文件,为他人诈骗提供条件的,以保险诈骗的共犯论处。

3.汽车保险欺诈的分类

按当事人造假目的的不同,汽车保险欺诈可分为如下几类。

1)造假者以赚取保险赔偿金为目的的假案

此类汽车保险欺诈为专业人士造假,当事人主体一般包括维修单位、理赔相关人员和少数车主等,该类假案通常表现出以下特点:

(1)老旧、套牌车辆;

(2)损失金额比较大;

(3)出险区域在郊区,比较偏僻;

(4)出险时间多在深夜特别是凌晨,或双休日、重大节日;

(5)当事人熟悉理赔程序;

(6)标的车与三者车通常在同一维修厂定损、维修等;

(7)出险时间与起保日或终保日接近的;

(8)事故有关当事人或知情人突然外出或去向不明的;

(9)道路交通事故不报交警而报派出所或其他部门的。

汽车保险欺诈
表现形式及特点

2)造假者以补偿个人财产损失为目的的假案

该类事故当事人的主体一般包括车主、展业人员和维修单位相关人员等,该类假案通常表现出以下特点:

(1)损失金额比较小;

(2)单方事故居多;

(3)出险区域一般为非道路上;

(4)出险时间一般为8h以外或节假日;

(5)损失部位一般表现为多次受损,旧痕迹比新痕迹明显,且受损部位不连续等。

(二)常见汽车保险欺诈的识别技巧

1. 人为故意制造假事故的现场

制造事故案例

人为故意制造假事故的现场是指被保险人或其他相关人员在保险车辆没有发生保险事故的情况下,人为故意制造事故,并造成损失的现场。这类现场具有如下特点:

(1)事故车辆多为老款残旧的进口车型;

(2)事故发生时间多为深夜和凌晨时分;

(3)事故发生地点多为偏僻少人的道路及空地;

(4)车损部位和痕迹不吻合,地上车身的残片往往不能拼凑成型;

(5)如有气囊爆裂,无异味和高于常温的情况,气囊的接头也有异常;

(6)离碰撞部位较远的部位也有损伤;

(7)事故车身上往往有旧的痕迹和锈迹,或有现场不存在的漆印;

(8)事故道路上很少有制动拖印;

(9)事故现场附近停有无关车辆;

(10)驾驶人多有多年驾龄;

(11)驾驶人故意表现出急躁情绪,对事故经过很难描述清楚或虚构情节,事故中很少有人员受伤;

(12)若是双方事故,大多存在揽责和推卸责任的情况。

2. 酒后驾车现场

酒后驾车现场是指驾驶人在饮酒后驾驶保险车辆发生事故造成损失的现场。根据规定,饮酒驾车是指车辆驾驶人血液中的酒精含量大于或等于20mg/100ml,小于80mg/100ml时的驾驶行为。醉酒驾车是指车辆驾驶人血液中的酒精含量大于或等于80mg/100ml时的驾驶行为。这类现场具有如下特点:

(1)驾驶人呈现有饮酒后的特征,脸发红或发白,身上散发酒味,口齿不清,

额头冒冷汗,走路摇晃,紧张等;

(2)道路现场留下的车辆制动拖印较短或没有;

(3)追尾碰撞事故居多,撞护栏和路边固定物体的单方事故时有发生;

(4)车辆损害程度较大;

(5)驾驶人伤亡情况较常见;

(6)车辆经常占道行驶或逆向行驶或在道路上不规则行驶等;

(7)延迟报案,且无正当理由;

(8)现场与三者车主私了,且赔偿金额较大;

(9)酒后替换驾驶人,驾驶人不能清楚描述事故经过或虚构情节。

3. 标的车进厂修理期间的现场

标的车进厂修理期间的现场是指被保险人或车辆的使用人将保险车辆送至修理厂维护、修理期间,修理厂人员及相关人员驾驶保险车辆发生事故并造成相当损失的现场。这类现场具有如下特点:

(1)驾驶人多为修理厂修理人员;

(2)除了现场碰撞痕迹外,还有其他修理期间出现的特征;

(3)驾驶人可能刻意隐瞒修车事实。

4. 机动车辆保险欺诈标志识别

有以下情形的,可能为机动车辆保险欺诈:

(1)投保时间与出险时间非常接近;

(2)对投保单证前后相连号码在时间上进行比较,推断是否为先出险后投保;

(3)索赔时间接近保期届满;

(4)事故发生在夜晚、双休日、节假日等旁证较少的时段;

(5)历史上是否索赔频次较高,事故类型是否相似;

(6)所有权情况不清,多层转手;

(7)有关当事人或知情人突然去向不明或外出;

(8)拒绝形成文字记录,选择口头或电话与保险人联系;

(9)具有不寻常的保险知识;

(10)事故的旁证与被保险人或驾驶人关系密切;

(11)极其迫切地要求尽快处理赔案;

(12)事故车辆损失严重,变形较大或外壳基本报废,而驾驶人或乘客却事先

跳车或安然无恙;

(13) 单方的火灾事故且损失严重,接近报废;

(14) 车辆偷盗现场有否痕迹(玻璃碎片、汽车零件或碎片、漆痕、汽车被拖拉痕迹等);

(15) 被盗地点是经常停放的地方,当事人不清楚当时在何处干什么;

(16) 提供单证多处涂改,许多证明材料签署的时间比较集中;

(17) 各种单证笔迹雷同或使用术语不标准、不规范;

(18) 各类印章模糊,相关发票号码联号或号码相近或有涂改、笔迹有轻有重等。

缮制询问笔录

(三) 询问笔录制作

车险事故中保险欺诈案件时有发生,对重大复杂的或有疑问的案件,要走访有关现场见证人或知情人,弄清真相,制作《机动车辆保险车辆事故现场查勘询问笔录》,并由被询问人签字确认。

1. 询问要求

询问人应由双人询问,一人询问、一人记录。被询问人包括被保险人、投保人、驾驶人、知情人、证人、保险代理人。

(1) 询问地点。查勘人员应选择合适的询问场所和地点,应选择不妨碍询问顺利进行、有利于保密的场所。现场询问可以在查勘车辆内进行。

(2) 询问方式。询问一般采取用一问一答的方式,查勘人员应单独对被询问人进行询问;为防止当事人勾结、串供,询问时不能有其他人员在场,如其他当事人有情况可另行询问。

(3) 询问内容。询问内容包括询问地点、起止时间、询问人姓名、被询问人姓名、性别、年龄、民族、文化程度、单位、职业、家庭住址、联系电话等。

询问开始,由询问人向被询问人交代,依照《中华人民共和国保险法》和机动车保险条款的规定,知情人有义务如实陈述事故事实,如提供虚假证词,可导致保险人依照法律和保险条款的规定行使拒赔权或诉诸法律。询问交通事故发生的时间、地点、驾驶人准驾车型、驾驶室乘坐何人、出车时间、装载情况、目的地、行驶路线、是否饮酒、车辆技术情况、报案情况、施救情况等。如果车辆被盗,询问被盗车辆的发现时间、报案情况、车辆停放位置、车辆详细购买来历、投保人情况、保险代理人姓名等。

2. 制作询问记录要求

询问时应由查勘人员制作记录。记录应当场制作完成,不能补做。查勘记录人必须全面熟悉事故情况和询问计划、提纲,做到心中有数,才能做好记录。

(1)记录要求完整。对被询问人的陈述,要原原本本地记录,不能有选择地记。

(2)准确记录。对询问人的陈述要不失原意地记录,不能用专业术语取代被询问人的语言。在记录中不能出现模棱两可的词语,如"大概""可能""很近""不远""大约"等。如果被询问人说出这种语言,应让其确定下来,记录确切的含意。

(3)语言通顺、字体清晰。记录中要避免出现语言不通顺现象,记录时要用钢笔、签字笔在统一印刷的记录用纸上书写,不能用铅笔或圆球笔书写,以满足归档、保存的要求。

(4)符合证据的要求。记录应满格书写不能留空格或空行,不准私自改动,有修改的地方被询问人必须按手印。笔录完成后,应交被询问人审阅,认为与其陈述一致后,应在每一页上签名、按手印,并按齐缝手指印,在最后一页上写明"本记录与我说的一致"并注明日期。

3. 询问记录的格式

询问记录一般由首部、正文、尾部三部分组成。

(1)首部。首部包括询问地点、起止时间、询问人姓名、被询问人姓名、性别、年龄、民族、文化程度、单位、职业、家庭住址、联系电话等。

(2)正文。正文为询问内容记录。

(3)尾部。尾部记录被询问人审核记录的意见,并签名(按指印)及写上日期。

二、任务实施

1. 准备工作

(1)道路交通事故案例素材准备;
(2)工单准备。

2. 技术要求与注意事项

(1)按步骤分析交通事故案例中提出的问题;
(2)利用交通事故现场中的痕迹物证分析事故;

（3）根据事故现场查勘情况缮制询问笔录。

3. 操作步骤

（1）展示道路交通事故照片；

（2）回答教师提出问题；

（3）学生进行分组讨论；

（4）完成工单的填写；

（5）各组派代表展示分析成果；

（6）教师分析归纳总结。

三、学习拓展

车险人伤案件做假案例

某年4月1日12时许，驾驶人张某驾驶小轿车行驶时与电瓶车发生碰撞，致使三者王某受伤后拖曳电瓶车逃逸。经交警认定，张某承担事故的全部责任。保险公司接报案后即对案件进行了调查，经查发现三者王某左踝骨折，软组织损伤，随即发放了理赔告知书。同年8月5日，三者王某将被保险人及保险公司起诉至人民法院，三者起诉金额高达314615元。

保险公司在调查中发现，伤残赔偿金为192870元，依据为伤者第3、5腰椎两椎体压缩性骨折，伤残等级为8级，这与保险公司前期查勘获取的信息有较大出入。

保险公司认为事故发生在乡村道路且为村口，车速较慢，碰撞力度应该不大，车辆损失的评估信息也可以佐证。车辆与电瓶车发生碰撞后拖曳电瓶车前行，三者的损伤中最严重的是左内踝，考虑为碰撞的着力点。三者的头面部及颈部损伤应为从电瓶车上脱落时与地面的滑动性损伤。脊椎外伤性压缩性骨折一般为机体遭遇纵向压缩力或铰链折力等间接暴力作用所致。本次事故的撞击力度较轻，且三者滑动性损伤也较为轻微，三者两椎体压缩性骨折应考虑陈旧性损伤。工作人员前往伤者就诊医院进行调查，调查发现CT检查的原始报告单存在出入。原始报告中显示伤者的影像学诊断为L3及L5椎体右侧横突骨折，而三者提供的病例复印件中为L3及L5椎体1/3压缩性骨折。王某利用就诊医院对病例复印件审核不严的漏洞，利用个人关系复印了病例，更改后持病例前往鉴定机构，鉴定为伤残八级。在证据面前，三者王某资源放弃伤残赔偿金的诉讼请求，保险公司的赔偿金额由314615元减少为28000元，挽回的经济损失高达286615元。

四、评价与反馈

1. 自我评价

(1)通过本学习任务的学习,你是否已经知道如下问题的答案?
①汽车保险欺诈的种类有哪些?

_____。

②应该如何识别汽车保险欺诈案例?

_____。

(2)应该如何缮制询问笔录?

_____。

(3)实训过程完成情况如何?

_____。

(4)通过本任务的学习,你认为自己的知识和技能还有哪些欠缺?

_____。

签名:_____   ___年___月___日

2. 小组评价

表11-1 为技能评价表。

技能评价表   表11-1

序号	评价项目	评价情况
1	是否能按照查勘流程分析事故	
2	是否能按照要求制作询问笔录	
3	是否能遵守学习、实训场地的规章制度	
4	是否能够保持学习、实训场地整洁	
5	团结协作情况	

参与评价的同学签名:_____   ___年___月___日

3. 教师评价

_____。

签名:_____   ___年___月___日

五、技能考核标准

考核的方式建议采用小组协作、案例分析的方式完成学习领域中的实训任务，培养学生团队合作及问题分析的能力。实训任务综合性较强，可以根据学生完成实训任务的情况评价整个学习领域的学习效果。表 11-2 为技能考核标准表。

技能考核标准表　　　　　　　表 11-2

序号	项目	操 作 内 容	规定分	评 分 标 准	得分
1	车险欺诈案例分析	险情描述	10 分	要素齐全，得分	
2		车情描述	15 分	要素齐全，得分	
3		人情描述	10 分	要素齐全，得分	
4		损情描述	10 分	要素齐全，得分	
5		接触部位判断	10 分	要素齐全，得分	
6		事故发生过程分析	20 分	结论正确，得分	
7		询问笔录制作	20 分	要素齐全，得分	
8		给出立案结论	5 分	结论正确，得分	
		总分	100 分		

项目四　车险事故定损核损

学习任务 12　车险事故维修方案的确定

学习目标

☆知识目标
1. 掌握定损的基本原则；
2. 掌握零配件更换的原则；
3. 掌握常损零配件更换的标准。

☆技能目标
1. 能够确定车险事故损失项目及程度；
2. 能够确定车险损失项目的变换与修复。

☆课程思政目标
1. 培养精益求精的工匠精神；
2. 培养吃苦耐劳、追求卓越的品质。

建议课时

2课时。

任务描述

王某驾驶车辆在道路上行驶，因为操作不当与三者车辆发生碰撞，导致对方车辆左前部受损。请根据车辆受损情况，确定本案损失部位的维修方案。

一、理论知识准备

(一) 定损的基本原则及方法

1. 定损的基本原则

出险车辆经现场查勘后，已明确属于保险责任而需要修理时，保险人应对出险车辆的修复费用进行准确、合理的确定。事故车辆以修复为主,在对车辆进行估价时,特别是确定更换零配件时,既要考虑保险公司的经济效益,同时还要考虑事故车辆修复后能恢复某原有的技术性能。定损的基本原则如下:

(1)修理范围仅限于本次事故中所造成的车辆损失。

(2)能修理的零部件,尽量修复,不要随意更换。

(3)能局部修复的不能扩大到整体修理。

(4)能更换零部件的,不能更换总成件。

(5)根据修复工艺难易程度,参照当地工时费用水平,准确确定工时费用。

(6)准确掌握汽车零配件价格。

2. 定损的方法

(1)定损时,根据现场勘查记录,认真检查受损车辆,明确本次事故直接造成的损伤部位,并由此判断和确定因肇事部位的撞击、震动可能间接引起其他部位的损伤,最终确定损失部位、损失项目、损失程度。

(2)与客户协商确定修理方案,包括确定修理项目和换件项目。修理项目需列明各项目工时费,换件项目需明确零件价格,零件价格需通过询价、报价程序确定。

(3)对更换的零部件属于本级公司询价、报价范围的,要将换件项目清单交报价员进行审核。

(4)定损员接到核准的报价单后,再与被保险人和第三者车损方协商修理、换件项目和费用。

(5)受损车辆原则上应一次定损。

(6)保险车辆修复后,保险人可根据被保险人的委托直接与修理厂结算修理费用,明确区分被保险人自己负担的部分费用。

3. 定损注意事项

车辆定损时应注意以下问题:

(1)应注意区分本次事故造成的损失和非本次事故造成的损失。对本次事故的碰撞部位,一般有脱落的漆皮痕迹和新的金属刮痕,而对非本次事故的碰撞部位一般有油污和锈迹。

(2)应注意区分事故损失和机械损失。因制动失灵、机械故障和轮胎自

定损工作流程

身爆裂,以及零部件的锈蚀、朽旧、老化、变形、发裂等不应负赔偿责任。若因上述原因导致发生碰撞、倾覆、爆炸等保险责任的,对事故损失部分可予以赔偿。

(3)受损车辆解体后,如发现尚有因本次事故损失的部位没有定损的,经定损员核实后,可追加修理项目和费用。

(4)受损车辆未经保险人同意而由被保险人自行送修的,保险人有权重新核定修理费用或拒绝赔偿。

(5)换件残值应合理作价。如果被保险人接受,则在定损金额中扣除;如果被保险人不愿意接受,保险人拥有处理权。

(6)定损人员应随时掌握最新的零配件价格,了解机动车辆修理工艺和技术,以避免一味压低理赔价格,造成修理厂无法按常规方法修复。

(二)零配件及总成更换标准

1. 零配件更换原则

对事故车辆定损时,损坏的零部件究竟是更换还是维修,必须坚持一定的原则,具体如下:

(1)质量、寿命有保证。修理后零、部件的使用寿命应能达到新件使用寿命的80%以上,且应能与整车的使用寿命相匹配。

(2)修理零部件的费用与新件价格的关系。零部件价值较低的,一般修理费用应不高于新件价格的30%;中等价值的,一般修理费用应不高于新件价格的50%;总成的修理费用,不可大于新件价格的80%。

(3)确保行车安全。有关安全的零部件受损变形后,从质量和安全角度考虑,应适当放宽换件的标准。如转向摇臂、直臂等,在无探伤条件,无法确定其内部是否受损时,就要更换,以确保安全。

(4)灵活掌握。对大保户单位的车辆,考虑到扩展业务的需要,对外观部件可适当放宽换件标准,需要有支公司经理参加定损或经支公司经理批准。

(5)对某些老旧车型,凡市场上已很难购到的配件,且尚可修理的,其修理费用虽高一些,也要修复。

2. 零配件及总成更换标准

常损零配件及总成的更换标准见表12-1。

常损零配件及总成的更换标准　　　　　表 12-1

零件名称	标　　准
前、后保险杠	(1)保险杠靠近轮位的吊耳、固定码断裂或断脚的,予以更换。 (2)凹陷裂开的予以更换正厂,断裂和破碎的予以更换付厂。 (3)杠体穿孔且缺损的,予以更换
前、后保险杠内骨架	撞扁在1/3以上的(以厚度或长度计算,材料为铝合金),折曲弯度大于30°以上难以修复的或修理工时费用大于更换的,予以更换。但要注意根据保额以及霉烂情况,予以等价值更换
前保险杠支架	撞扁在1/3以上的,折曲弯度大于30°以上难以修复的,或修理工时费用大于更换的,予以更换
中网、保险杠体栅格	断脚、撞扁或表面断裂、或影响美观的(电镀件),折曲弯度大于30°以上难以修复的,或修理工时费用大于更换的,基本予以更换
前照灯、尾灯总成	撞烂、撞穿灯面、灯壳或撞断灯脚的,予以更换。灯面磨损深、抛光抛不平的基本予以更换
角灯	
雾灯	
翼子板灯	
发动机舱盖	撞损位置扁烂、撞穿或撞折特别是骨位折曲在1/3以上(特别是铰位在前面的,是固定受力位而且是主力的)的头盖,铝盖在周边10cm以上损坏、穿孔的,可以更换
发动机舱盖撑杆	撑杆有弯曲现象、撑杆芯有划痕,撑杆球头脱落的,予以更换
风窗玻璃下饰板	金属的缺损的,塑料的裂开在5cm以下不影响使用和美观的予以修复,缺损的按以上标准予以更换

续上表

零件名称	标　　准
风窗玻璃饰条	前风窗玻璃胶条和金属饰条:开裂和缺损的给予更换,如奥迪前风窗玻璃饰条是一次性使用,予以更换
倒车镜	外部缺损和只烂镜片的,更换半总成;电镜的电控转向器损坏的,更换总成
龙门架	损坏在1/3以上的撞扁、撞曲、撞折和头盖锁位置以及较位损坏的(钢材),或材料为塑料、玻璃钢的,予以更换
散热网	轻微变形,予以修复;有穿漏现象(因有压力)或有折曲的,断脚的予以更换
水箱	轻微变形,或水道管穿孔细微的,铜制水道管可用铜焊焊补的予以修复,铝制水道管可用亚弧焊予以修补;水道管撞扁、撞烂,断脚或要截断改变水道的(因缩短水道影响水降温时间,容易就成水温高)予以更换
风扇总成(含电机)	胶扇叶和金属扇叶有缺损、变形的,予以更换;电机表面完好、轴无变形或轴承无异响及转动正常(必要时可通电试)的,不予以更换
前翼子板	前面撞扁、撞折或骨位折曲超1/3以上,穿烂划破超过10cm以上的,按以上规定予以更换;侧面凹陷无论大小都不予以更换,应予以修复;修复工时大于换件价格予以更换
前翼子板内骨架	影响避振机座,造成前轮定位和前束有问题的予以更换
前纵梁	折曲或撞扁或扭曲1/3以上的,予以更换
前、后桥	要观看其撞击位置是否主要在轮位或纵梁(严重折曲)和前桥上,观看其前桥底部的四颗大螺钉有无移位变形,下摆臂固定位是否变形,如有则予以更换,如无就不予更换

续上表

零件名称	标准
仪表台壳	塑料有爆裂、穿洞、变形的予以更换,真皮面尽量予以修复
发动机脚胶	断裂、缺损的,予以更换
脚胶支架	断裂、缺损的,予以更换
避振器	变形、避振机芯有明显划痕、明显碰撞痕迹的,基本予以更换
下悬挂臂	变形、有明显碰撞痕迹的,基本予以更换
转向节	变形、有明显碰撞痕迹的,基本予以更换(可以考虑将轴承一同更换)
方向机	变形、有明显碰撞痕迹的,基本予以更换
横、直拉杆	变形、有明显碰撞痕迹或有裂痕的,基本予以更换
半轴	变形、有明显碰撞痕迹的,基本予以更换
半轴万向节(球笼)	有损坏的基本予以更换
正时室盖	缺损或裂开、变形的,予以更换
发动机油底壳	撞损直径1/3、深度3cm以上的,予以更换
气门室盖	缺损、爆裂、变形按以上标准予以更换
中缸壳	螺丝位断裂一个的原则上予以修复;裂纹不大于5cm,或位置不在油道水道的可以修复,否则予以更换;缺损、崩烂的,予以更换
波箱壳	同中缸壳更换标准
波箱油底壳	撞损、变形,凹陷深度2mm以上的,按以中缸壳更换标准予以更换

续上表

零件名称	标 准
进、排气歧管	铸铁件变形、缺损的予以更换;塑料件有损坏的基本予以更换
前排气管	变形偏离支承点超过5cm,或撞穿及撕裂的,原则上予以更换
中排气管	
后排气管	
三元催化器	内、外部破裂,有异响的,予以更换
消声器	凹陷深度超过1cm的或撞穿的、有异响的,原则上予以更换
前、后立柱	撞穿的,或柱体凹陷变形部分达到柱体20%的,原则上予以更换
A、B、C柱	
车门壳	缺损的、撞穿直径超过10cm的或弯曲角度超过1/3的,原则上予以更换;窗框部位凹陷变形部分达到框体20%的,予以更换
车门玻璃升降器总成	胶扣断裂、钢丝散开、齿轮牙缺损、举升支架变形超过1/4,或电机受损不能运转的,原则上予以更换
下裙饰板、车门外饰板、轮眉饰板	缺损、断脚(码)、塑胶的饰板弯曲部分超过板体的1/3,或撕裂的,原则上予以更换
天窗玻璃导轨	变形导致天窗玻璃滑动不畅的,原则上予以更换
后翼子板	后面撞扁、撞折或骨位折曲超1/4以上、穿烂划破超过10cm以上的,予以更换;侧面凹陷无论大小都不给予更换,应予以修复,修复工时大于换件价格的,应予以更换
后翼子板内骨架	缺损的,或弯曲角度超过1/3的,原则上予以更换

续上表

零件名称	标准
后风窗玻璃台板	饰板裂开、钢材支架变形范围达到50%、缺损的,原则上予以更换,其他情况不建议更换
油箱总成	撞穿,边角凹陷超过1cm的,原则上予以更换,塑胶的油箱有超过1.5mm深度的划痕或有褶皱的,原则上予以更换
行李舱盖	撞损位置扁烂、撞穿或撞折,特别是骨位折曲在1/4以上的行李舱盖,予以更换;中间凹陷的无论大小不予以更换
行李舱盖撑杆	撑杆有弯曲现象、撑杆芯有划痕,撑杆球头脱落的,予以更换
行李舱地板	缺损的,或撞穿直径超过20cm以上的,予以更换
ABS执行器	线束插头、插座损坏,电路板部位受明显撞击,泵体有明显撞击造成损坏的,基本予以更换
安全气囊电脑	气囊爆出、气囊游丝、电脑、气囊、感应器(奥迪A6/A4、广本系列无感应器)的,予以更换
轮辋(包括铝合金)	变形失圆、缺损的,基本予以更换
发动机舱盖、行李舱盖锁	变形的基本予以更换
门锁	明显变形、破裂的,基本予以更换
门把手	有明显摩擦痕迹、断裂(含塑料、电镀面)的,基本予以更换
防撞胶条	有变形、明显摩擦痕迹、断裂(含塑料、电镀面)的,基本予以更换
玻璃压条	有变形、明显摩擦痕迹、断裂(含塑料、电镀面)的,基本予以更换

续上表

零件名称	标　　准
天线	天线杆有变形、断裂的,基本予以更换
倒车雷达感应器	有损坏的基本予以更换

说明:由水浸车造成的零配件损失另行确定更换标准。

二、任务实施

1. 准备工作

(1) 车险事故定损案例素材准备;

(2) 工单准备。

2. 技术要求与注意事项

(1) 按步骤确定车险事故损失项目;

(2) 判断损失项目的损失程度;

(3) 根据损失项目损失程度确定维修方案;

(4) 按要求填写工单,要素齐全。

3. 操作步骤

(1) 展示车险事故定损案例,由教师提出问题;

(2) 学生分组讨论;

(3) 确定车险事故损失项目;

(4) 判断损失项目的损失程度;

(5) 确定维修方案;

(6) 完成工单的填写;

(7) 各组派代表展示分析成果;

(8) 教师分析、归纳、总结。

三、学习拓展

车辆全损

车辆全损包括实际全损与推定全损。被保险机动车发生事故后灭失,或者受到严重损坏完全失去原有形体、效用,或者不能再归被保险人所拥有的,为实际全损;被保险机动车发生事故后,认为实际全损已经不可避免,或者为避免发生实际全损所需支付的费用超过或接近实际价值,经保险人与被保险人协商按照全部损失方式进行赔偿的,为推定全损。

车损险投保时,被保险机动车的实际价值由投保人与保险人根据投保时的新车购置价减去折旧金额后的价格协商确定,或其他市场公允价值协商确定。

折旧金额 = 新车购置价 × 被保险机动车已使用月数 × 月折旧系数

折旧按月计算,不足一个月的部分,不计折旧。最高折旧金额不超过投保时被保险机动车新车购置价的 80%。

表 12-2 为参考折旧系数表。

参考折旧系数表(单位:%) 表 12-2

车辆种类	月折旧系数			
	家庭自用	非营业	营业	
			出租	其他
9座以下客车	0.60	0.60	1.10	0.90
10座以上客车	0.90	0.90	1.10	0.90
微型载货汽车	—	0.90	1.10	1.10
带拖挂的载货汽车		0.90	1.10	1.10
低速货车和三轮汽车	—	1.10	1.40	1.40
其他车辆	—	0.90	1.10	0.90

被保险机动车发生本保险事故,导致全部损失,或一次赔款金额与免赔金额之和(不含施救费)达到保险金额,保险人按本保险合同约定支付赔款后,本保险责任终止,保险人不退还机动车损失保险及其附加险的保险费。

四、评价与反馈

1. 自我评价

(1)通过本学习任务的学习,你是否已经知道如下问题的答案?
① 车险定损的基本原则是什么?

②车辆定损的步骤是什么?

_____。

(2)零配件更换的原则是什么?

_____。

(3)实训过程完成情况如何?

_____。

(4)通过本任务的学习,你认为自己的知识和技能还有哪些欠缺?

_____。

签名:_____   ___年___月___日

2.小组评价

表12-3为技能评价表。

技能评价表　　　　　　　　表12-3

序号	评价项目	评价情况
1	是否能判断车辆损失的项目及程度	
2	是否能按照标准确定维修方案及损失金额	
3	是否能遵守学习、实训场地的规章制度	
4	是否能够保持学习、实训场地整洁	
5	团结协作情况	

参与评价的同学签名:_____   ___年___月___日

3.教师评价

_____。

签名:_____   ___年___月___日

五、技能考核标准

考核的方式建议用每个人独立完成学习领域中的实训任务,培养学生独立自主完成任务的能力。实训任务综合性较强,可以根据学生完成实训任务的情况评价整个学习领域的学习效果。表12-4为技能考核标准表。

技能考核标准表　　　　　　表 12-4

序号	项目	操作内容	规定分	评分标准	得分
1	车险事故维修方案的确定	确认出险情况	10 分	判断正确,得分	
2		确认车辆情况	10 分	判断正确,得分	
3		判断车辆损失部位及程度	20 分	判断正确,得分	
4		确定换件项目	10 分	判断正确,得分	
5		确定拆装项目	10 分	判断正确,得分	
6		确定钣金项目	10 分	判断正确,得分	
7		确定喷漆项目	10 分	判断正确,得分	
8		确定机修项目	10 分	判断正确,得分	
9		确定电工项目	10 分	判断正确,得分	
		总分	100 分		

学习任务 13　车险事故维修金额的确定

学习目标

☆知识目标

1. 掌握车险事故维修金额的确定方法;
2. 掌握零配件询报价方法;
3. 了解其他财产损失的确定方法。

☆技能目标

1. 能够确定车险事故损失金额;
2. 能够缮制车险定损报告。

☆课程思政目标

1. 树立讲诚信、懂规矩、守纪律、会做事的工作作风;
2. 用发展的观点看待职业价值。

项目四 车险事故定损核损

建议课时

2课时。

任务描述

王某驾驶车辆在道路上行驶,因为操作不当与三者车辆发生碰撞,导致对方车辆左前部受损。请完成本案损失金额的确定,并缮制机动车辆保险定损报告。

一、理论知识准备

车险事故维修费用包括事故损失部分维修工时费、材料费和其他费用。

(一) 维修工时费

维修工时费由更换拆装工时费、机修工时费、电工维修工时费、钣金修复工时费、喷漆工时费等构成。

损失金额确定

$$工时费 = 工时定额 \times 工时单价$$

其中,工时定额是指实际维修作业项目核定的结算工时数。工时单价是指在生产过程中,单位小时的收费标准,也称工时费率。

工时定额和工时单价一般可按以下方法确定,可供定损员参考。第一类是可以参照各省(自治区、直辖市)汽车维修行业协会等部门制定的《事故车辆修复工时定额标准》,根据车辆种类和维修企业类型确定。例如将车种大类分为小型客车、客车(微型面包、普通面包)、客车(中型客车、大型客车)、货车(皮卡)、货车(普通、重型),将维修企业分为一类维修企业、二类维修企业、三类及以下维修企业,工时费率随地域、修理厂、工种的不同而不同。第二类是各保险公司或公估公司内部使用的工时费限额。第三类是主机厂的《工时手册》和《零件手册》中提供的工时定额,针对具体车型制定,准确性高,针对性强。但需要注意,不同企业对单位工时的定义不同,例如宝马规定5min为1工时,1h为12工时,而雪铁龙规定0.01小时为1工时,1h为100工时。不同车型、不同总成的工时定额一般差别较大,不同年款的车型也有差别,所以工时手册中的数据经常更新。

1. 钣金工时费核定

(1)一般车型:按损坏程度及损坏面积,并结合修复部位的修复难易程度来核定修理工费。

(2)特殊车型:价值较高的车型或老旧车型,当外观件、车身骨架及大梁等变形严重时,钣金工时费标准见表13-1。可以与客户和修理厂协商,修理工时费可按该配件价格的20%~50%核定。

钣金工时费标准(单位:元) 表13-1

名　称	损失程度	工时费范围
前、后保险杠	轻度	40~80
	中度	80~150
	严重	150~200
前、后保险杠内杠	轻度	40~80
	中度	80~100
前翼子板	轻度	40~80
	中度	80~150
	严重	150~200
前纵梁	轻度	150~400
后翼子板	轻度	40~80
	中度	100~150
	严重	150~200
车门	轻度	40~100
	中度	100~180
	严重	180~250
裙边	轻度	50~100
	中度	100~150
	严重	150~200
前、后围	轻度	50~100
	中度	100~150
	严重	150~200

续上表

名　　称	损失程度	工时费范围
元宝梁	轻度	200～300
车顶	轻度	80～150
	中度	150～200
	严重	200～300
发动机舱盖	轻度	50～200
	中度	200～300
	严重	300～400
行李舱盖	轻度	50～200
	中度	200～300
	严重	300～400
车架校正	轻度	500～1000
	中度	1000～2000
	严重	2000～3000
大梁校正	轻度	100～1000
	中度	1000～1500
	严重	1500～2000

注:1. 工时费范围是指车价在15万～40万元的事故车相对应零配件的修理工费范围。40万元以上车型修理工时费可适当上浮20%左右;15万元以下车型修理工时费可适当下调20%左右。

2. 非表13-1所列零配件,可视损坏程度,参照该零配件价格的20%～50%核定修理工时。

3. 元宝梁、前纵梁、车架、大梁修复,可增加发动机吊装费400～600元。但每次事故修复中只允许使用一次。

2. 喷漆工时费核定

油漆工时费是指油漆材料费、油漆辅料费及油漆人工费之总和。塑料件、亚光饰件、金属漆及变色漆在工费核定时,可按 10% ~ 20% 的比例上浮。大型客车按单位面积核定工费,轿车及小型客车按损伤板件幅数(每车 13 幅)核定工时费。

喷漆工时费标准见表 13-2。

喷漆工时费标准(单位:元)　　　表 13-2

部位	车价(元)						
	7 万以下	7 万 ~ 12 万	12 万 ~ 15 万	15 万 ~ 30 万	30 万 ~ 50 万	50 万 ~ 80 万	80 万以上
全车	1800 ± 500	2400 ± 600	2800 ± 650	4500 ± 750	5500 ± 800	7000 ± 900	9500 ± 1000
前、后保险杠	200 ± 80	250 ± 100	300 ± 150	350 ± 130	400 ± 150	650 ± 180	750 ± 200
前翼子板	120 ± 80	150 ± 100	200 ± 120	300 ± 150	400 ± 150	650 ± 180	750 ± 200
发动机舱盖	350 ± 80	375 ± 100	450 ± 120	500 ± 130	600 ± 150	750 ± 150	850 ± 180
车顶	300 ± 80	350 ± 100	450 ± 120	500 ± 130	600 ± 150	750 ± 150	850 ± 180
车门	300 ± 80	350 ± 100	400 ± 120	450 ± 130	480 ± 150	550 ± 150	750 ± 150
后翼子板	200 ± 80	300 ± 100	300 ± 120	300 ± 130	380 ± 150	550 ± 180	600 ± 200
行李舱盖	300 ± 80	300 ± 100	400 ± 120	500 ± 130	600 ± 150	750 ± 150	850 ± 180
立柱	30 ~ 50	50 ~ 100	50 ~ 150	50 ~ 150	50 ~ 150	50 ~ 200	150 ~ 200
反光镜	50	50 ~ 100	50 ~ 100	50 ~ 120	50 ~ 150	50 ~ 150	50 ~ 200

注:1. 全车喷漆如为金属漆,可增加 10% ~ 15%。

2. 综合修理厂原则上不允许上浮,特约维修站可适当上浮,最高不超过上限,资质较差的修理厂应适当下调。

3. 全车外部共分为 13 幅:包括前、后保险杠,4 个车门,发动机舱盖及行李舱盖,4 个翼子板以及车顶。

4. 两幅喷漆的,按总费用的 95% 计算;三幅喷漆按 90% 计算,四幅喷漆按 85% 计算,五幅喷漆按 80% 计算,六幅喷漆按 75% 计算,七幅及以上喷漆按 70% 计算。

5. 面包车及商务车侧围可按轿车 2.5 倍车门计算,车顶按轿车 2 倍车顶计算。

3. 拆装工时费核定

一般按照拆装的难易程度及工艺的复杂程度核定工时费。

(1) 单独拆装单个零件,按单件计算工时费。

(2) 拆装某一零件必须先拆掉其他零件的,则需要考虑辅助拆装的工时费。

(3) 拆装机械零件和电气零件,需要适当考虑拆装后的调试或测试工时费用。

(4) 拆装覆盖件及装饰件,一般不考虑其他工时费。

(5) 检修ABS,需要确认维修方法,一般拆车轮的费用为30元/轮。

(6) 检修线路或电气元件另外计算拆装费。

(7) 拆装座椅(含侧气囊),工时费用可适当增加。

(8) 拆装转向器工时应按照车型调整。

(9) 吊装发动机的,应计算发动机吊装费用。

(10) 当更换项目较多时(不少于10项),可以按30~50元/项统一计算总拆装费用。

以拆装玻璃为例,某工时费用表见表13-3。

玻璃拆装工时费(单位:元)　　　　表13-3

项　　目		车　价		
		15万以下	15万~40万	40万以上
前、后风窗玻璃拆装	挂胶	120		
	粘胶	120		
侧车窗玻璃拆装		每个60		
拆装天窗	含拆装窗框	180		
	不含拆装窗框	80		
中型客车前、后风窗玻璃拆装	挂胶	200		
	粘胶(含胶)	300		
大型客车前、后风窗玻璃拆装	挂胶	400		
	粘胶(含胶)	600		
大型客车侧车窗玻璃拆装	有窗框	每个100		
	无窗框(含胶)	每个200		

玻璃胶定价标准见表13-4。

玻璃胶定价标准（单位：元）　　　　表13-4

项　　目	车　价		
	15万以下	15万~40万	40万以上
玻璃胶单价	30	50	80

注：玻璃胶数量为小型客车、面包车3支。

常见拆装工时费见表13-5。

常见拆装工时费（单位：元）　　　　表13-5

项　　目		车　价		
		15万以下	15万~40万	40万以上
拆装前、后保险杠		50	上浮10% ~ 30%	上浮30% ~ 50%
拆装前翼子板		50		
拆装发动机舱盖		80		
拆装车门	换总成	80		
	含附件拆装	120		
拆装后翼子板		220		
拆装行李舱盖		50		
更换行李舱后围板		150		
更换车顶	小型客车	200		
	面包车、吉普车	300		
更换前纵梁		每条200		
拆装龙门架	螺丝连接	30		
	纤维	100		
	焊接	120		
座椅拆装（电动）	前座	每张50	每张80	
	后座	75	120	
全车机械座椅拆装		100		
全车内饰拆装		≤400	≤600	

水浸车清洗、烘干工时费见表13-6。

水浸车清洗、烘干工时费(单位:元)　　表13-6

	轻度	中度	重度
机械座椅	500	650	800
电动座椅	1200	1350	1500

4. 机修工时费核定

机修工时费见表13-7。

机修工时费(单位:元)　　表13-7

项　目		车　价			
		15万以下	15万~40万	40万~70万	70万以上
发动机 (换中缸)	4缸	600	900	900	—
	6缸	—	1200	2000	3000
	8缸	—	—	2800	3500
	12缸	—	—	—	4000

注:发动机换中缸时,涉及换气门的加200元工时费;非电喷发动机的工时费在表中的基础上下调20%。

手动变速器解体(换中段桥壳)工时费见表13-8。

手动变速器解体(换中段桥壳)**工时费**(单位:元)　　表13-8

项　目	车　价		
	15万以下	15万~40万	40万以上
手动变速器解体换件	250~350	350~450	450~550

自动变速器解体(换中段桥壳)工时费见表13-9。

自动变速器解体(换中段桥壳)**工时费**(单位:元)　　表13-9

项　目		车　价		
		15万以下	15万~40万	40万以上
事故造成	机械	800		—
	电子	1500	1800	2500
	手自一体	2500		4000
	无级变速	3500		6000
水浸		1500		

注:自动变速器的解体工序包括解体、清洗、检测、解码。

5. 电工维修工时费核定

电工维修工时费见表 13-10。

电工维修工时费(单位:元)   表 13-10

项目		车价		
		15 万以下(基础值)	15 万~40 万	40 万以上
检修冷气加制冷剂	普通	120		
	环保	150		
电脑解码		150		500
仪表台拆装		<200	300~400	450~550
检修 SRS(含写码)		200		
检修 ABS		200		300

注:1. 双空调的面包车可增加 50 元制冷剂费用。

2. 当事故涉及 ABS、变速器电控单元、发动机电控单元、气囊电控电源、音响受损时,方可计算电脑解码费。

3. 电脑解码费与单项解码费不可同时使用。

(二)材料费

材料费 = 外购配件费(配件、漆料、油料等) + 自制配件费 + 辅助材料费

配件管理费 = 配件进货价 × (1 + 管理费比例)

配件管理费是指保险公司针对保险车辆发生保险责任事故时,保险人员对维修企业因维修需更换的配件在采购过程中发生的采购、装卸、运输、保管、损耗等费用以及维修企业应得的利润和出具发票应缴的税金而给出的综合性补偿费用。

1. 零配件的询报价

汽车配件价格信息掌握的准确度对车辆定损有着举足轻重的影响。由于零配件的生产厂家众多,市场上通常有 OEM(原始设备生产商)件、正厂件、副厂件(或售后市场件)和拆车件(或二手件、翻新件、回收件)等。零配件市场种类繁杂,价格差异较大。另外,由于生产厂家的生产调整、市场供求变化、地域的差别等多种原因也会造成零配件价格不稳定,特别是进口汽车零部件缺乏统一的价

格标准,价格差异更大,这也是车险定损行业面临的问题之一。因此确定需要更换的零配件价格时,应本着有价有市、质量价格对等的原则来确定配件价格,既要使确定的零配件价格符合市场情况,又要能让修理厂保质保量地完成维修任务。

为此,保险公司认识到必须建立一个完整、准确、动态的询报价体系。一些保险公司,如中国人民保险集团股份有限公司建立了独立的报价系统,使得定损人员在定损过程中能够争取主动,保证定出的零配件价格符合市场行情,大大加快了理赔速度。一些公司,则采用与专业机构合作的方式,使用如北京精友时代公司、Audatex 等公司,安排专人定期收集整理配件信息,掌握和了解配件市场行情变化情况,了解和比较本地汽车配件经销商的经销情况(经销配件质量、价格的比较),广泛与各汽配商店及经济信息部门联系,以期取得各方面的配件信息。对高档车辆及更换配件价值较大的亦可与外地电话联系,并与当地配件价格比较,避免在配件价格方面有较大出入。

2. 残值的处理

残值的数额可依照更换件的剩余价值(废品回收或可继续使用)来折算。绝大多数保险条款规定残值协商折价归被保险人,残值从维修总费用中扣除。如协商不成,保险公司应将受损物资收回,委托有关部门进行拍卖处理,处理所得款项应当冲减赔款。一时无法处理的,则应交保险公司的损余物资管理部门收回。

(三) 其他财产损失

1. 第三者财产损失确定

对于第三者财产损失的定损,因其涉及范围较大,定损标准、技术以及掌握的尺度相对机动车辆来讲要难得多。交通事故造成财产直接损失的,应当恢复原状或者折价赔偿,确定的方式可以采用与被害人协商,协商不成的,可以采用仲裁或者诉讼的方式。常见第三者财产损失的定损处理方法如下:

(1)市政设施。对于市政设施的损坏,为使定损合理,定损人员要准确掌握和收集当地的损坏物体的制造成本、安装费用及赔偿标准。一般情况下,各地市内绿化树木及草坪都有规定的赔偿标准及处罚标准。

(2)道路及道路设施。车辆倾覆后很容易对道路路面造成擦痕以及燃油对道路造成污染,保险公司有责任与被保险人一起同路政管理部门商定损失。核损时，定损人员必须掌握道路维修及设施修复费用标准，定损范围只限于直接造成损坏的部分。对于路基路面塌陷，应视情况确定是否属于保险责任。

（3）房屋建筑物。碰撞事故可能造成路旁房屋建筑物的损坏，要求定损人员掌握有关建筑方面的知识（建筑材料费用、人工费用）。在定损方面可采取招标形式进行，请当地建筑施工单位进行修复费用预算招标，这样不仅便于准确定损，也容易说服第三者接受维修方案。

（4）道旁农田庄稼。车辆倾覆可能造成道旁农田庄稼（青苗）的损坏，此部分损失核定可参照当地同类农作物亩产量进行测算定损。

（5）第三者车上货物的损坏。在对第三者损失定损的过程中，保险公司定损人员应当向被保险人解释清楚保险公司只能对造成第三者的实际损坏部分的直接损失费用进行赔偿，超出部分（如间接损失费用、处罚性质费用以及第三者无理索要的部分费用）应由被保险人与第三者进行协商处理。

2. 施救费用确定

施救费用是指当被保险标的遭遇保险责任范围内的灾害事故时，为了减少事故损失采取适当措施抢救保险标的时支出的额外费用。施救费用的确定要严格按照条款规定事项进行，并遵循以下原则：

（1）保险车辆发生火灾时，应当赔偿被保险人或其允许的驾驶人使用他人非专业消防单位的消防设备、施救保险车辆所消耗的合理费用及设备损失。

（2）保险车辆出险后，失去正常的行驶能力，被保险人雇用吊车及其他车辆进行抢救的费用，以及将出险车辆拖运到修理厂的运输费用，保险人应按当地物价部门核准的收费标准予以负责。

（3）在抢救过程中，因抢救而损坏他人财产的，如果应由被保险人赔偿的，可予以赔偿。但在抢救时，抢救人员个人物品丢失的，不予赔偿。

（4）抢救车辆在拖运受损保险车辆途中，发生意外事故造成保险车辆的损失扩大部分和费用支出增加部分，如果该抢救车辆是被保险人自己或他人义务派来抢救的，应予赔偿；如果该抢救车辆是受雇的，则不予赔偿。

（5）保险人只对保险车辆的施救保护费用负责。保险车辆发生保险事故后，需要施救的受损财产可能不仅局限于保险标的，但是保险公司只对保险标的的施救费用负责。所以施救费用应按照获救价值进行分摊。如果施救对象为受损保险车辆及其所装载货物，且施救费用无法区分，则应按保险车辆与货物的获救价值进行比例分摊，机动车辆保险人仅负责保险车辆应分摊的部分。

二、任务实施

1. 准备工作

(1) 车险事故定损案例素材准备；

(2) 工单准备。

2. 技术要求与注意事项

(1) 按步骤确定车险事故损失项目；

(2) 判断损失项目的损失程度；

(3) 根据损失项目损失程度确定维修方案；

(4) 确定定损金额；

(5) 按要求填写工单，要素齐全。

3. 操作步骤

(1) 确定车辆及车辆出险情况；

(2) 确定车险事故损失项目；

(3) 判断损失项目的损失程度；

(4) 确定维修方案；

(5) 确定定损金额；

(6) 缮制机动车保险事故损失评估单。

三、学习拓展

核损

核损工作内容

(1) 保险责任的复核。核损人员收到待审核的案件，要综合承保、报案、查勘、定损、历史出险记录等各环节的信息，判断案件是否存在虚假成分、事故是否属于保险责任。如果上传资料不能完整反映事故损失的各项内容，或照片不能完整反映事故损失部位、事故全貌以及复勘情况，应通知相关人员补充资料。对需实地查勘或定损的重大损失案件，核损人员应提前介入，在接到查勘、定损人员报告后应及时给予指导意见。

(2) 车辆定损结果的复核。车辆定损结果的复核包括：审查定损人员上传的定损清单及事故照片的完整性、规范性；损失情况的复核；换件项目的复核；车辆零配件价格的复核；维修项目和方式的复核；维修工时和单价的复核。

(3) 代位求偿录入规范审核。

(4)车辆全损或推定全损的复核。

(5)其他财产损失的复核。

(6)施救费的复核。

(7)参与争议、疑点、重大和诉讼案件车辆以及财产损失确定的会商和调查工作。

(8)复杂车型、重大财产损失聘请外部资源的审核。

(9)查勘定损工作质量的考核评判。

四、评价与反馈

1. 自我评价

(1)通过本学习任务的学习,你是否已经知道如下问题的答案?

①车险事故维修工时费该如何确定?

_____

②残值该如何处理?

_____

(2)确定施救费用有哪些注意事项?

_____

(3)实训过程完成情况如何?

_____

(4)通过本任务的学习,你认为自己的知识和技能还有哪些欠缺?

_____

签名:_____   ___年___月___日

2. 小组评价

表 13-11 为技能评价表。

技能评价表　　　　　　　　　　表 13-11

序号	评价项目	评价情况
1	是否能判断车辆损失的项目及程度	
2	是否能按照标准确定维修方案及损失金额	
3	是否能遵守学习、实训场地的规章制度	
4	是否能够保持学习、实训场地整洁	
5	团结协作情况	

参与评价的同学签名:_____   ___年___月___日

3. 教师评价

_____。

签名：_____   ___年___月___日

五、技能考核标准

考核的方式建议用每个人独立完成学习领域中的实训任务，培养学生独立自主完成任务的能力。实训任务综合性较强，可以根据学生完成实训任务的情况评价整个学习领域的学习效果。表13-12为技能考核标准表。

技能考核标准表　　　　　　　　　　表13-12

序号	项目	操 作 内 容	规定分	评 分 标 准	得分
1	车险事故维修金额的确定	确认出险情况	10分	判断正确，得分	
2		确认车辆情况	10分	判断正确，得分	
3		判断车辆损失部位及程度	10分	判断正确，得分	
4		确定换件项目及价格	10分	结果正确，得分	
5		确定拆装项目及工时费	10分	结果正确，得分	
6		确定钣金项目及工时费	10分	结果正确，得分	
7		确定喷漆项目及工时费	10分	结果正确，得分	
8		确定机修项目及工时费	10分	结果正确，得分	
9		确定电工项目及工时费	10分	结果正确，得分	
10		缮制机动车保险事故损失评估单	10分	要素齐全，得分	
		总分	100分		

学习任务14　车险事故人身伤亡损失的确定

学习目标

☆知识目标

1. 理解人员伤亡损失预估步骤；

2. 掌握人身伤亡费用计算方法。

☆**技能目标**

1. 能够确定人身损害赔偿计算标准;
2. 能够确定人员伤亡损失金额。

☆**课程思政目标**

1. 树立以人为本的理念;
2. 关注无险人员,强化风险意识。

建议课时

2 课时。

任务描述

车主王先生在驾驶车辆行驶过程中,不慎撞到一名 34 岁的男性电动车驾驶人,造成电动车驾驶人当场死亡,交警判定王先生负主要责任。死者生前已丧偶,有一名 7 岁的儿子需要抚养。王先生投保了交强险、商业第三者责任险(200万元)。请计算本次事故王先生应赔偿的死亡赔偿金、丧葬费和被扶养人生活费各为多少?王先生在交强险项下可获得的赔偿金额是多少?

一、理论知识准备

(一)人身伤亡损失的确定

1. 人员伤亡费用预估步骤

(1)判断事故责任;

(2)判断保险责任;

(3)详细了解伤者病情、了解治疗时间和手段,向医生了解大致医疗费用;

(4)结合医疗环境,初步预估医疗费用,考虑所在地医疗水平、收费标准、床位紧张与否、医生治疗用药习惯、医院管理模式等;

(5)结合伤者个性特征和环境特征,例如伤者是否优柔寡断、是否有亲朋比较强势、文化水平高低、律师介入可能等,在浮动范围内修正预估数据;

(6)跟踪治疗情况及伤者思想变化情况,可能超过预估数据时,应及时干预,不断更新预估数据。

2. 人员伤亡费用的确定

《最高人民法院关于审理人身损害赔偿案件适用法律若干问题的解释》第17条规定,受害人遭受人身损害,因就医治疗支出的各项费用以及因误工减少的收入,包括医疗费、误工费、护理费、交通费、住宿费、住院伙食补助费、必要的营养费,赔偿义务人应当予以赔偿。第17条第2款规定,受害人因伤致残的,其因增加生活上需要所支出的必要费用以及因丧失劳动能力导致的收入损失,包括残疾赔偿金、残疾辅助器具费、被扶养人生活费,以及因康复护理、继续治疗实际发生的必要的康复费、护理费、后续治疗费,赔偿义务人也应当予以赔偿。第17条第3款规定,受害人死亡的,赔偿义务人除应当根据抢救治疗情况赔偿本条第一款规定的相关费用外,还应当赔偿丧葬费、被扶养人生活费、死亡补偿费以及受害人亲属办理丧葬事宜支出的交通费、住宿费和误工损失等其他合理费用。

1)医疗费

医疗费根据医疗机构出具的医药费、住院费等收款凭证,结合病历和诊断证明等相关证据确定。器官功能恢复训练所必要的康复费、适当的整容费以及其他后续治疗费,赔偿权利人可以待实际发生后另行起诉。但根据医疗证明或者鉴定结论确定必然发生的费用,可以与已经发生的医疗费一并予以赔偿。

2)误工费

误工费根据受害人的误工时间和收入状况确定。误工时间根据受害人接受治疗的医疗机构出具的证明确定。受害人因伤致残持续误工的,误工时间可以计算至定残日前1天。

受害人有固定收入的,误工费按照实际减少的收入计算。受害人无固定收入的,按照其最近3年的平均收入计算;受害人不能举证证明其最近3年的平均收入状况的,可以参照受诉人民法院所在地相同或者相近行业上一年度职工的平均工资计算。

3)护理费

护理费根据护理人员的收入状况和护理人数、护理期限确定。护理人员有收入的,参照误工费的规定计算;护理人员没有收入或者雇佣护工的,参照当地护工从事同等级别护理的劳务报酬标准计算。护理人员原则上为1人,但医疗机构或者鉴定机构有明确意见的,可以参照确定护理人员人数。

护理期限应计算至受害人恢复生活自理能力时止。受害人因残疾不能恢复生活自理能力的,可以根据其年龄、健康状况等因素确定合理的护理期限,但最长不超过20年。受害人定残后的护理,应当根据其护理依赖程度并结合配制残疾辅助器具的情况确定护理级别。

4）交通费

交通费根据受害人及其必要的陪护人员因就医或者转院治疗实际发生的费用计算。交通费应当以正式票据为凭,有关凭据应当与就医地点、时间、人数、次数相符合。

5）住宿费

住宿费包括受害人确有必要到外地治疗、因客观原因不能住院、受害人本人及其陪护人员实际发生的合理的住宿费用;死者亲属办理丧葬事宜支出的合理的住宿费用。

6）住院伙食补助费

住院伙食补助费可以参照当地国家机关一般工作人员的出差伙食补助标准予以确定。受害人确有必要到外地治疗、因客观原因不能住院、受害人本人及其陪护人员实际发生的住宿费和伙食费,其合理部分应予赔偿。

7）营养费

营养费是指人体在遭受损害后发生代谢改变,通过日常饮食不能满足受损肌体对热能和各种营养素的要求,必须增加营养品作为对身体补充所支出的费用。营养费根据受害人伤残情况参照医疗机构的意见确定。

8）残疾赔偿金

残疾赔偿金根据受害人丧失劳动能力程度或者伤残等级,按照受诉人民法院所在地上一年度城镇居民人均可支配收入或者农村居民人均纯收入标准,自定残之日起按20年计算。但60周岁以上的,年龄每增加1岁减少1年;75周岁以上的,按5年计算。

受害人因伤致残但实际收入没有减少,或者伤残等级较轻但造成职业妨害严重影响其劳动就业的,可以对残疾赔偿金作相应调整。残疾赔偿金的计算公式如下:

残疾赔偿金(60周岁以下的人) = 伤残等级 × 受诉法院所在地上一年度城镇居民人均可支配收入或者农村居民人均纯收入 × 20年

残疾赔偿金(60周岁以上的人) = 伤残等级 × 受诉法院所在地上一年度城镇居民人均可支配收入或者农村居民人均纯收入 × (20年 − 增加岁数)

9）残疾辅助器具费

残疾辅助器具费按照普通适用器具的合理费用标准计算。伤情有特殊需要的,可以参照辅助器具配制机构的意见确定相应的合理费用标准。辅助器具的更换周期和赔偿期限参照配制机构的意见确定。

10）丧葬费

丧葬费按照受诉人民法院所在地上一年度职工月平均工资标准，以6个月总额计算。

11）被扶养人生活费

被扶养人生活费根据扶养人丧失劳动能力程度，按照受诉法院所在地上一年度城镇居民人均消费性支出和农村居民人均年生活消费支出标准计算。被扶养人为未成年人的，计算至18周岁；被扶养人无劳动能力又无其他生活来源的，计算20年。但60周岁以上的，年龄每增加1岁减少1年；75周岁以上的，按5年计算。被扶养人生活费的计算公式如下：

被扶养人是18周岁以下未成年人的：

被扶养人生活费＝[受诉法院所在地上一年度城镇居民人均消费性支出和农村农民人均年生活的消费支出×（18－被扶养人实际年龄）]÷对被扶养人承担扶养义务的人数×伤残赔偿指数（如果受害人死亡的，不需要乘以伤残指数）

被扶养人是18～60周岁，没有劳动能力且又没有生活来源的：

被扶养人生活费＝[受诉法院所在地上一年度城镇居民人均消费性支出和农村农民人均年生活的消费支出×20]÷对被扶养人承担扶养义务的人数×伤残赔偿指数（如果受害人死亡的，不需要乘以伤残指数）

被扶养人是在60～74周岁之间的：

被扶养人生活费＝{受诉法院所在地上一年度城镇居民人均消费性支出和农村农民人均年生活的消费支出×[20－（被扶养人实际年龄－60）]}÷对被扶养人承担扶养义务的人数×伤残赔偿指数（如果受害人死亡的，不需要乘以伤残指数）

被扶养人75周岁以上的：

被扶养人生活费＝（受诉法院所在地上一年度城镇居民人均消费性支出和农村农民人均年生活的消费支出×5）÷对被扶养人承担扶养义务的人数×伤残赔偿指数（如果受害人死亡的，不需要乘以伤残指数）

12）死亡赔偿金

死亡赔偿金按照人民受诉法院所在地上一年度城镇居民人均可支配收入或者农村居民人均纯收入标准，按20年计算。但60周岁以上的，年龄每增加1岁减少1年；75周岁以上的，按5年计算。

13）精神损害抚慰金

根据侵权人的过错程度、侵害手段、场合、行为方式、侵权行为造成的后果、侵权人的获利情况、侵权人的经济赔偿能力、受诉法院所在地平均生活水平等因素确定。

3. 确定人员伤亡费用应注意的问题

1）医疗费

医疗费包括挂号费、治疗费、医药费、检查费、医疗服务设施费用、材料等，具体参照所在地医保目录确定。审核费用时，应注意如下3点：

（1）必须符合各医保统筹地区的管理办法中的相关规定，对不符合规定的、超出范围的和自负部分应予以剔除。

（2）应根据伤情和药品剂量规定核实用药剂量。对超过合理剂量的，没有医院合理解释的用药，应予以剔除。

（3）应与交通事故创伤有关，无关的、伤者原发疾病相关的应予以剔除。对交通事故创伤导致原疾病加重，不经治疗难以治愈或有生命危险的，应结合伤病情，合理承担一部分原发疾病费用。

2）误工费

根据规定，误工费指受害人实际减少的收入。在实务中可以通过事故前后的税单对比、工资单对比以及受害人单位的相关规章制度的规定，合理地确定实际收入的减少量，不能简单以单位的工资证明来代替实际收入的减少计算。

3）护理费

护理费是以亲属等专门护理人员的误工费或者以支付给雇佣的专门护工的费用为表现形式。护理依赖是指伤、病致残者因生活不能自理需依赖他人护理，生活自理范围主要包括进食、翻身、大小便、穿衣及洗漱、自我移动五项，护理依赖程度分三级。

4）交通费

交通费的承担人数，应根据实际情况进行核定，原则上受伤人员在转院治疗时期应承担1人的交通费；对死者亲属办理丧葬事宜的交通费，以不超过3人为限。

5）住宿费

住宿费是因"受害人确有必要到外地治疗，因客观原因不能在当地住院"而发生的。死者亲属办理丧葬事宜的住宿费应是在死者居住地之外的事故发生地发生的住宿费用，不超过3人，时间不应超过15天。住宿费的标准应该以侵权行为地国家机关一般工作人员出差住宿标准计算，以合规的正式发票为凭据。

6）住院伙食补助费

住院伙食补助费仅限于住院的受害人,未住院没有这项赔偿费用。根据规定,对受害人确有必要到外地治疗的,除承担受害人本人的伙食费外还要承担其陪护人员的伙食费。对于陪护人员的伙食费的人数,原则上为亲属1人。

7）营养费

对于伤害情况较为严重的受害人,或者年龄较大或者较小的受害人,可以根据伤残情况、治疗机构意见决定是否予以赔偿。

8）残疾赔偿金

应确定伤残人的身份是城镇居民还是农村居民,核实伤残者的实际年龄,对临界点即60周岁以上的年龄应重点核实,应以户口簿、身份证、户籍证明为依据,并确定伤残等级的赔偿百分比。

9）残疾辅助器具费

对残疾辅助器具的配制包括费用评估、更换周期、赔偿年限进行鉴定并出具鉴定意见的机构;在核定残疾辅助器具的赔偿年限时,还应考虑受害人的年龄和实际伤情。

10）丧葬费

丧葬费指安葬受侵害死亡的自然人的遗体所应支出的费用,包括丧礼费、停尸费、尸体整容费、火化费(土葬费)及治丧期间的有关人员的吃住费用、交通费等一切费用。

11）被扶养人生活费

被扶养人是指受害人依法应当承担扶养义务的未成年近亲,以及丧失劳动能力又无其他生活来源的成年近亲。被扶养人还有其他扶养人的,赔偿义务人只赔偿受害人依法应当负担的部分。

12）死亡赔偿金

死亡赔偿金原则上应采用事故发生地的标准,但如果受诉法院地标准高于事故发生地标准的可采用受诉法院地标准。如果赔偿权利人能够举证证明其住所地或者经常居住地的标准高于受诉法院所在地标准的,可以按照其住所地或者经常居住地的标准计算。

13）精神损害抚慰金

精神损害抚慰金计算的具体标准,因个案和地域经济发达程度的不同有较大差异。在司法实践操作中及诉讼中,注意该费用应在诉讼请求中明确提出在交强险中优先支付,商业主险没有精神损失的赔偿项目。

(二)人身伤亡损失的复核

伤人案件的核损工作应由具有临床经验的专业医生承担。核损人员自接到查勘人员或接报案人员提交的资料后,应对案件整个过程,从住院、治疗到出院进行全程跟踪。在治疗期间,应根据具体情况对伤者进行探访或探视,了解伤者治疗及康复情况,并做详细记录。

二、任务实施

1. 准备工作

(1) 车险事故理赔案例素材准备;

(2) 工单准备。

2. 技术要求与注意事项

(1) 按步骤完成车险人伤案件赔偿金额计算;

(2) 按要求填写工单,要素齐全。

3. 操作步骤

(1) 展示车险事故理赔案例;

(2) 审核单证;

(3) 判断保险责任;

(4) 完成车险人伤案件赔偿金额计算;

(5) 填写人伤费用清单;

(6) 各组派代表展示分析成果;

(7) 教师分析、归纳、总结。

三、学习拓展

(一) 2020年广东省交通事故损害赔偿计算标准

《广东省高级人民法院关于在全省法院民事诉讼中开展人身损害赔偿标准城乡统一试点工作的通知》明确对2020年1月1日以后发生的人身损害,在民事诉讼中统一按城镇居民标准计算残疾赔偿金、死亡赔偿金、被扶养人生活费,其他人身损害赔偿项目计算标准基本保持不变。

城镇居民人均可支配收入为:深圳52938元,珠海46826元,汕头27175元,省内其他地区40975元。2019年广东省农村居民人均可支配收入18818元。

2019年广东省城镇、国有单位在岗职工平均工资为：深圳207654元/年，珠海170543元/年，汕头99573元/年，省内其他地区127600元/年。

广东省城镇居民人均消费性支出为：深圳43113元/年，珠海40031元/年，汕头23854元/年，省内其他地区34424元/年。全省农村居民人均年生活消费支出16949元/年。

(二) 2020年山东省交通事故损害赔偿计算标准

(1) 2019年度山东省城镇居民家庭人均可支配收入42329元。

(2) 2019年度山东省城镇居民家庭人均消费性支出26731元。

(3) 2019年度山东省农民人均纯收入17775元。

(4) 2019年度山东省农民家庭人均生活消费支出额12309元。

根据《山东省高级人民法院关于开展人身损害赔偿标准城乡统一试点工作的意见》，自2020年3月12日起，山东省交通事故统一适用城镇居民赔偿标准。

2021年度山东省交通事故损害赔偿计算标准为：山东省城镇居民家庭人均可支配收入43726元，山东省农民人均纯收入18753元。

四、评价与反馈

1. 自我评价

(1) 通过本学习任务的学习，你是否已经知道如下问题的答案？

①发生交通事故导致人员伤亡应赔付的项目有哪些？

_____。

②残疾赔偿金该如何计算？

_____。

(2) 被扶养人生活费的确定受哪些因素的影响？

_____。

(3) 实训过程完成情况如何？

_____。

(4) 通过本任务的学习，你认为自己的知识和技能还有哪些欠缺？

_____。

签名：_____   ___年___月___日

2. 小组评价

表 14-1 为技能评价表。

技能评价表　　　　　　　　　表 14-1

序号	评价项目	评价情况
1	是否能按要求完成单证审核	
2	是否能按照标准确定人伤赔偿金额	
3	是否能遵守学习、实训场地的规章制度	
4	是否能够保持学习、实训场地整洁	
5	团结协作情况	

参与评价的同学签名：_____　　___年___月___日

3. 教师评价

_____。

签名：_____　　___年___月___日

五、技能考核标准

考核的方式建议用每个人独立完成学习领域中的实训任务，培养学生独立自主完成任务的能力。实训任务综合性较强，可以根据学生完成实训任务的情况评价整个学习领域的学习效果。表 14-2 为技能考核标准表。

技能考核标准表　　　　　　　　　表 14-2

序号	项目	操作内容	规定分	评分标准	得分
1	车险人伤事故损失确定	确认被保险人信息	5 分	填写正确，得分	
2		确认车险事故信息	10 分	填写正确，得分	
3		确认伤者信息	10 分	填写正确，得分	
4		计算人伤索赔金额	30 分	计算正确，得分	
5		交强险医疗费用赔偿核定金额	5 分	审核正确，得分	
6		交强险死亡伤残赔偿核定金额	5 分	审核正确，得分	

项目四　车险事故定损核损

续上表

序号	项目	操 作 内 容	规定分	评 分 标 准	得分
7	车险人伤事故损失确定	商业保险赔偿金额核定金额	5分	审核正确,得分	
8		交强险人伤赔款	10分	计算正确,得分	
9		商业险人伤赔款	10分	计算正确,得分	
10		人伤费用清单填写	10分	要素齐全,得分	
	总分		100分		

学习任务15　电子定损系统的使用

学习目标

☆ **知识目标**

1. 理解电子定损系统的意义;
2. 掌握电子定损系统的功能模块。

☆ **技能目标**

1. 能够对事故车辆进行定损;
2. 能够使用电子定损系统完成车辆定损。

☆ **课程思政目标**

1. 培养学生的创新精神;
2. 运用新思维发现问题、解决问题。

建议课时

2课时。

任务描述

王某驾驶车辆在道路上行驶,因为操作不当与三者车辆发生碰撞,导致对方车辆左前部受损。请你完成本案损失金额的确定,并缮制机动车辆保险定损报告。

一、理论知识准备

(一) 电子定损系统概述

伴随着汽车工业的发展,保险定损业务中涉及的汽车制造厂家和车型种类激增。同时新型材料广泛应用于承载式车身,使车身零件的种类和数量大增,导致汽车机械、电子器件等零部件、车身钣金件、车身涂料和辅料等零件的种类越来越庞杂。在定损过程中,还要处理经常变动的零件价格、大量换件和修理工时数据,以及重叠工时的计算,因此迫切需要引入计算机估损理赔系统。

基于互联网的定损系统可以统一保险公司的定损标准,解决保险公司不同定损人员定损标准不一致的问题,降低理赔的风险,提高保险定损的准确性和统一性。定损系统集成了汽车主机厂关于车辆的零部件总分关系信息及价格信息、维修技术信息及维修逻辑信息等相关事故车维修等必备的技术资料,从而能够自动生成一个包含配件价格、工时费用及喷漆费用的整套维修方案。

(二) 电子定损系统使用方法

下面以 Audatex 定损系统为例,简要介绍机动车碰撞定损软件的使用方法。

1. 登录系统

(1) 登录 www.audatex.com.cn,输入用户名和密码。
(2) 进入主系统,在主页上有"新建赔案""收件箱"和"处理中"三大模块。
(3) 点击"处理中",进入赔案管理页面(图 15-1)。

搜索-设置-新建赔案-发送赔案-输出到Excel-刷新

图 15-1 赔案管理页面

页面中各项目的含义如下。

(1) 收件箱:可以在收件箱中查看合作伙伴发送给您的赔案。
(2) 处理中:收件箱中接收的赔案及自己创建的赔案,都集中在处理中。
(3) 已发送:初步处理完成,发送给合作方的赔案,都可以在已发送中找到记录。

(4)已关闭:赔案在 Audatex 系统中结案后,会转移到已关闭。

2. 赔案创建

(1)车辆定型。点击"新建赔案"后,用户可以通过 17 位 VIN 码定型,也可以使用搜索树定型,用下拉菜单逐级选择制造商、车型、子车型,并在进入定损后按照车辆实际情况进行车辆配置选择,如图 15-2 所示。

图 15-2　车辆定型选择

(2)赔案信息。根据案情录入赔案信息,如图 15-3 所示。

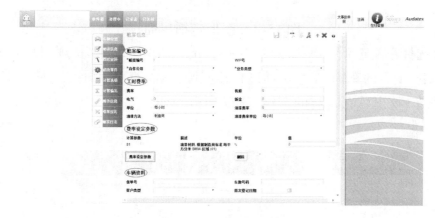

图 15-3　赔案信息设置

①赔案编号。根据需求完善赔案信息。赔案编号在点击新建赔案时自动生成,可以根据需求手动修改并保存。在下拉菜单中选择合作公司和业务类型,业务类型主要包括返修(本店承保)、送修(非本店承保)、修理厂推荐的保险公司、第三方推荐的保险公司、仅检查、其他等。

②工时费率。确定工时费率有两种方法,选择预设费率和自主创建费率。通过在下拉菜单中选择已预设费率,即可自动完成机修、电气、钣金等各处项目的费率及费率设定参数的输入。自主创建费率则需逐项填入费率及费率设定

参数。

③费率设定参数。费率设定参数中有许多费用的调节项目,比如增减固定的费率、折扣等。可根据描述代码选择需要的项目并确定调节值。

④车辆资料。车辆资料包括保单号、车牌号码、客户类型、首次登记日期等信息。

3. 图形定损

(1)进入图形定损界面。点击"图形定损",等待程序加载图形数据,完成后进入图形定损界面,如图15-4所示。

图15-4　图形定损界面

(2)选择车型选项。进行零件定损前,请先选择"车型"选项(图15-5)。一般使用VIN定型的车辆,车型选项已自动匹配,不需要再作修改。对于使用搜索树定型的车辆,出厂有改装的车辆,建议到实车处核实,根据需求对车型选项进行调整。

图15-5　选择车型

（3）用户设置。在图形定损前,可先进行用户设置,内容如图15-6所示。

图15-6　用户设置

①3D视图:车辆图形以3D形式呈现。

②损失实时总计:包括每次点选零件后检查是否已达到全损,点击时显示零件价格,使用净值。

③费用优化:包括启动互动优化、优化类型(维修到更换优化、凹痕修复到更换优化、更换到维修优化),如图15-7所示。

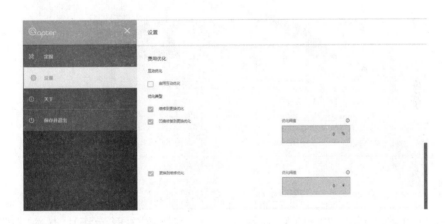

图15-7　费用优化

（4）选择受损零件。

①修复区域选择。选择要修复的零件,首先要选择零件所在的区域。可以通过导航按钮选择,也可以通过点击左边的"目录树"选择。选择维修零件时,直接在图形面板中点选,然后在维修方法面板中确定修复方法即可,如图15-8所示。

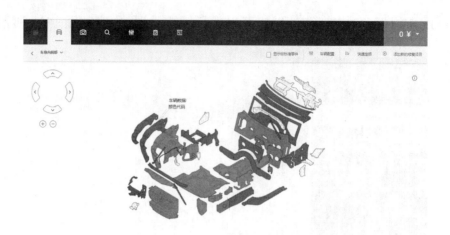

图 15-8　选择修复区域

②更多视图。系统中一些无法直观表达的特殊点选项目,有更多视图栏位,如图 15-9 所示。点击后可以对此类项目进行快速操作,可以根据需求进行选择,包括总成工时项目,不涉及配件更换、维修的金额;四轮定位相关工时;非原厂工时参考(NSP);显示适用车辆定型的轮辋等。

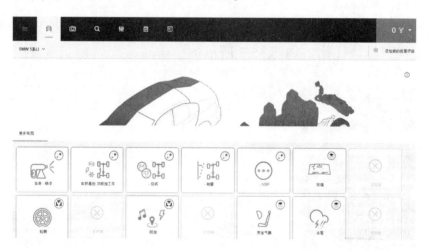

图 15-9　更多视图界面

③选择维修零件。选择维修零件时,可以直接在图形面板中点选,如果找不到,可以通过界面中的搜索功能确定零件。在工具栏的搜索框中,输入零件编号,或者系统中的基准编号,或零件描述,在弹出的页面中选择零件并确定维修方法,如图 15-10 所示。

(5)选择维修方法。

①维修方法选择。在系统中包括的维修方法有更换、维修、拆装、喷漆等,根据实际定损情况进行选择。系统会根据数据文件自动确定其工时,也可以根据

需要更改。喷漆中包括不含底漆的效果喷涂、新零件喷涂及维修喷涂。在维修方式的右边有 3 个图标,依次代表变更项目面板、备注信息、当前修复方式的解说提示,如图 15-11 所示。

图 15-10　维修零件选择

图 15-11　维修方法选择

②项目变更。变更项目面板下有多个标签页,显示内容与用户设置及车辆信息有关,如图 15-12 所示。变更项目下拉菜单,包括当前选中的维修方法相关的所有变更项目,可以对残值进行设定,可以变更零件价格、维修工时。修复费用构成是所选零件修复费用的说明。

③局部维修。车辆修理中,有时需要对较大零件进行部分修复,如局部更换、维修、喷漆,这样可以减少对车辆的拆解,同时可以降低修复的费用。如图 15-13 所示,图中切割线按照原厂规定显示,切割线中有方框和圆点。点击方框

图标,显示局部的喷漆与维修,即仅对切割线内的部分进行维修喷漆;点击圆点图标,显示部分更换项目。三角图标代表对该零件进行喷漆前,必须先对其相关的附件进行一个拆装的操作。

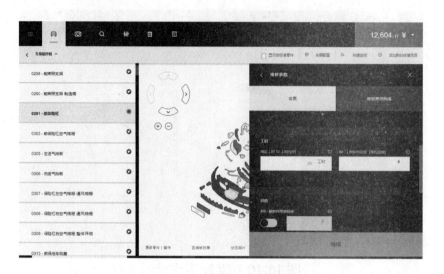

图 15-12　变更项目面板

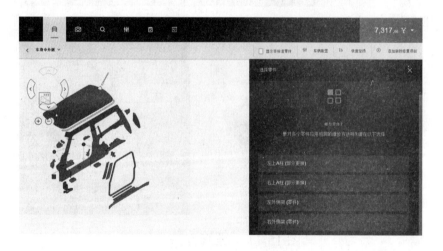

图 15-13　局部维修

④交互式维修定损(IRE)。IRE 智能钣金修复工具通过在图形上划定损坏区域,系统自动计算得出工时及费用的工具,如图 15-14 所示。可以在部件上绘制多个封闭或者开口的形状,绘制区域可以修正。通过交互式维修定损面板可以调整损坏区域面积大小,选择损坏程度(轻度、中度、重度、擦痕),附加操作建议,接受推荐的拆装项目,完成智能钣金估价操作,计算得出的工时费计入估价单。

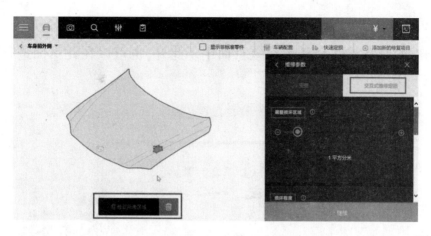

图 15-14　交互式维修定损面板

⑤添加自定义维修项目。如自定义非标准维修项目,可点击添加新的维修项目,选择自定义项,根据需求选中一种维修方式,填写必填和选填参数信息,如图 15-15 所示。

图 15-15　添加自定义维修项目

(6)核对。点击核对表标签页,将显示在标准位置与非标准位置输入的全部信息,包括描述、系统中的基准编号以及维修类型。在此表中,可以核对所有输入项是否正确,输入错误的可以删除,如图 15-16 所示。

图 15-16　核对界面

4. 修改零件

定损中的所有零件会显示在该页面中。此外,也可以在此页面进行新增零件的添加工作,如图 15-17 所示。

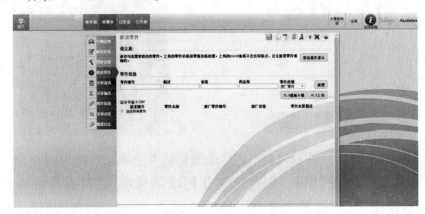

图 15-17　新增零件

5. 计算选项

通过计算选项页面栏位的下拉菜单,根据需求进行选择,计算输出页面,可以显示详细的计算结果,如图 15-18 所示。

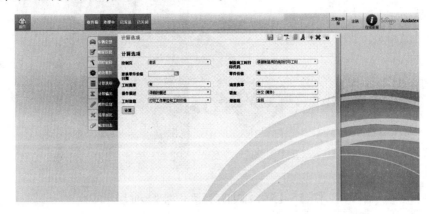

图 15-18　计算选项

6. 计算输出

在此界面,可以打印输出报告,并将结果发送给保险公司。计算输出界面如图 15-19 所示。

7. 附件信息

此页面显示包括索赔文件、维修前的车辆资料、维修后车辆资料、其他资料图片的上传等。

图 15-19　计算输出界面

8．结果对比

如果用户在一个赔案有多个计算结果,可在结果对比栏位进行比较。

9．赔案日志

赔案日志包括赔案创建时间、创建人、最后修改时间、最后修改人、日志更改概要等内容。

二、任务实施

1．准备工作

(1)车险事故定损案例素材准备;

(2)车辆定损软件准备。

2．技术要求与注意事项

(1)按步骤确定车险事故损失项目;

(2)判断损失项目的损失程度;

(3)根据损失项目损失程度确定维修方案;

(4)按流程完成车辆定损软件操作。

3．操作步骤

(1)确定车辆及车辆出险情况;

(2)确定车险事故损失项目及程度;

(3)添加维修零件及维修方法;

(4)确定自定义维修项目;

(5)核对;

(6)计算输出定损报告。

三、学习拓展

AI（人工智能）定损

目前市面上涉及定损、理赔的主流车险科技产品有四款，分别是"定损宝""拇指理赔""智能保险云""事故车定损云平台"。

"定损宝"采用深度学习图像识别检测技术，用AI充当查勘员的眼睛和大脑，通过部署在云端的算法识别事故照片。

"拇指理赔"是指投保人通过手机一键报案、三张照片、确认账号三个动作，即可在事故现场在线自主完成从出险报案到收取赔款的全流程。

"智能保险云"平台包含智能认证、智能闪赔两大产品。其中智能认证主要是利用人脸识别、声纹识别等AI技术完成对人、相关行为及属性的快速核实。智能闪赔包含高精度图片识别、一键秒级定损、自动精准定价、智能风险拦截四大功能。

"事故车定损云平台"通过三种服务模式查询车辆定型、配件点选、核损定价等数据，获得从报案到核损的全流程系统与数据支持，包括太保财险、华农财险、中华联合在内的首批十家保险公司参与了"事故车定损云平台"测试。

AI技术的加入，在提升客户体验的同时，对于保险公司应对保险欺诈也起到了十分重要的作用。随着大数据、互联网、AI等技术的引入，保险公司的反欺诈工作也逐步进入自动化时代。将车险审核员的经验转化为"规则引擎"，车辆的碰撞逻辑、配件属性这些有规律、机械的信息交给"规则引擎"分析，可大大提高保险公司的反欺诈识别率。

四、评价与反馈

1. 自我评价

（1）通过本学习任务的学习，你是否已经知道如下问题的答案？

①电子定损系统有哪些优点？

②IRE智能钣金修复工具有哪些作用？

（2）如何在系统中添加自定义零件及维修项目？

（3）实训过程完成情况如何？

(4)通过本任务的学习,你认为自己的知识和技能还有哪些欠缺?

_____。

签名:_____　　　　　　___年___月___日

2. 小组评价

表 15-1 为技能评价表。

技能评价表　　　　　　　表 15-1

序号	评价项目	评价情况
1	是否能熟练使用车辆定损软件	
2	是否能按照规范填写维修项目及维修方案	
3	是否能遵守学习、实训场地的规章制度	
4	是否能够保持学习、实训场地整洁	
5	团结协作情况	

参与评价的同学签名:_____　　　___年___月___日

3. 教师评价

_____。

签名:_____　　　　　　___年___月___日

五、技能考核标准

考核的方式建议用每个人独立完成学习领域中的实训任务,培养学生独立自主完成任务的能力。实训任务综合性较强,可以根据学生完成实训任务的情况评价整个学习领域的学习效果。表 15-2 为技能考核标准表。

技能考核标准表　　　　　　　表 15-2

序号	项目	操作内容	规定分	评分标准	得分
1	电子定损系统的使用	确认出险情况	10 分	判断正确,得分	
2		确认车辆情况	10 分	判断正确,得分	
3		判断车辆损失部位及程度	10 分	判断正确,得分	
4		添加维修零件	10 分	添加正确,得分	

续上表

序号	项目	操作内容	规定分	评分标准	得分
5	电子定损系统的使用	添加维修项目	10 分	添加正确,得分	
6		添加自定义项目	10 分	添加正确,得分	
7		核对	10 分	操作正确,得分	
8		计算选项	10 分	计算正确,得分	
9		计算输出	10 分	计算正确,得分	
10		结果对比	10 分	操作正确,得分	
		总分	100 分		

项目五　特殊车险事故查勘与定损

学习任务16　水灾事故的查勘与定损

学习目标

☆**知识目标**
1. 掌握水灾事故现场查勘的基本流程；
2. 掌握水灾损失时机动车辆的施救与维护方法；
3. 掌握水灾受损车辆的定损方法等。

☆**技能目标**
1. 能完成水灾事故现场查勘；
2. 能完成水灾事故车辆定损。

☆**课程思政目标**
1. 锻炼科学分析和解决问题的能力；
2. 培养诚实守信、吃苦耐劳的职业品质。

建议课时

4课时。

任务描述

孙某驾驶一辆东风雪铁龙 C5 回老家，途中经过一条河流，河上只有一座只能走人的石板桥，无奈之下谢某并没有折回，在不知水深的情况下，贸然起动车辆以低挡位高速度行驶，结果没有走出多远，就感觉撞到什么东西，此时河水已经没过了孙某的汽车底盘并漫过汽车排气管，导致发动机熄火。请你对该车作出现场查勘和定损分析。

水灾事故案例剖析

一、理论知识准备

（一）水灾事故现场查勘

水灾事故现场查勘时，如事故车辆仍在事故现场并处于危险之中，查勘人员应马上联系拖车。在拖车到达前,应详细查勘事故现场,了解出险经过。查勘水是否淹及排气管口,了解水淹后车辆是否仍继续行驶。拖车到达后,应将车辆直接拖至维修厂进行检验,进行施救处理,防止损失进一步扩大。对水浸车案件必须做详细笔录,并要求当事人签名确认,同时告知客户索赔时须提供出险当日有效的气象资料或证明。

1. 现场拍照

(1)事故现场位置及地形、灾害现场、水位情况、车型及所处位置等。

(2)受损车辆牌号、车辆标牌,确认标的受损情况,对于多方事故必须做到逐个拍照、逐个定损。

(3)拍照车辆维修清理前的外观及内部装置,反映车辆受损程度及水浸痕迹、殃及部位。

(4)拍照车辆救援过程、记录救援类型,确认是否存在不合理施救导致损失扩大情况。

(5)对于特殊情况查勘人员无法到第一达现场的情况,必须通过各种渠道得到现场资料和依据。

2. 确认事故地点及事故经过

通过现场查勘和对报案人、驾驶人的询问调查进行核实,具体应做到以下几点:

(1)确定事故地点是否存在发生灾害的事实。

(2)确定受损车辆的水淹痕迹与现场状况是否吻合。

(3)确定报案事故经过与实际现场情况是否吻合。

(4)记录查勘报告、现场笔录,完成记录、审核相关证件。

3. 查勘重点内容公估

(1)确定事故地点的灾害经过。例如:发生灾害时间、水位上升阶段时间、到达灾害水位时间、灾害水位持续时间、灾害水位下降时间、受灾车辆在灾害水位持续时间等。

(2)确定事故现场水位置高度、事故车辆涉水高度和涉水部位、人员伤害情况、车载人员以及伤害情况等。

(3)根据受灾害程度判断车辆主要机件的可能进水情况。区分进水受灾配件可能损坏的程度。例如:仪表、音响、操作面板、各电器控制和执行单元、发电机、起动机、发动机、变速器、驱动桥等。

(4)确定灾害水质情况。准确区分海水、淡水、泥水、工业水等,不能确定水质情况时,必须进行水质采样,以便后续测定和鉴定。

4.组织施救

对受灾车辆采取组织合理、有效、快速的施救措施,可以控制损失的继续和扩大,施救原则为迅速使受灾车辆离开灾害现场。具体应做到如下几点:

(1)迅速组织专业的施救队伍和力量,确实可行的施救方案。

(2)对大面积多车辆受灾害情况,立即与当地行政管理机构进行沟通,并安排对受灾车辆进行抢救。

(3)对灾害持续的情况,应立即组织施救,采取控制损失继续的措施。

(4)严格控制在施救过程中损失的继续和增加现象。

(二)机动车辆水灾损失定损

夏季暴雨、洪水等自然灾害会造成汽车损坏,给车主和保险公司带来不便和损失。某年夏季,某地暴雨造成交通瘫痪、大量汽车受损(图16-1),车主和各大保险公司均损失惨重。

图16-1 某地大量积水造成交通瘫痪、大量汽车受损

对于因水损坏汽车的理赔,由于保险条款的约定,保险车辆在水淹中起动或水淹后操作不当致使发动机损坏的,保险人不承担保险责任。这就使得当水灾造成发动机损坏时,哪些属于保险责任,哪些不属于保险责任,变得非常重要,证据不足常会造成保险索赔纠纷,甚至产生民事诉讼。

由于汽车水灾损失通常是众多标的同时受损,在短时间内要对众多车型、不同受损程度的汽车进行较科学的损失评估,往往一般车险评估定损人员感到很棘手,笔者从大量的水灾案例得出,做好汽车水灾理赔工作必须从以下几个方面入手:

(1)认真、细致和快捷地进行现场查勘。

(2)分车型对不同受损程度的标的进行损失评定。

(3)对同一地区、同一车型、相似受损程度的标的制定一致的损失评定标准。

1.水灾损失时机动车辆的施救与维护

1)汽车防水、涉水方法

汽车遇暴雨或洪水时,如驾驶人意识到有可能影响到安全时,应停车避雨;

如必须行驶,则应采取必要的防护措施。

(1)雨前准备。暴雨中出车或准备涉水时,应先将空气滤清器拆下或将进气软管抬高,或将排气管通过橡胶软管接高,使汽车的进、排气口尽量远离水面,减少发动机进水的可能性。

(2)高处停车。雨季,停车、存车要尽量选择地势较高处,不要存放在容易积水的地方,以免低洼地带的积水越来越深。

(3)行车避水。行车时应尽量躲避对方来车行驶时所拥起的水浪,必要时可停车让对方汽车先行通过。

(4)科学涉水。不了解积水深度时,不要轻易地让汽车涉水。如果是很浅的水域,最好均衡加油、安全驶过;不要盲目紧随前方汽车,应观察前方汽车通过情况再行决定自己是否通过;当水淹没高度达到车轮半径时,应尽量避免让汽车涉水。不得不过时,可将排气管通过软管接高,同时以低挡位、低速、匀速通过,尽量避免让水进入排气管。

(5)谨慎涉水。不应采用低挡位、高速度、发动机高转速的方式通过。

2)汽车被淹后的施救

施救进水汽车时,一定要遵循"及时、科学"原则,既保证及时救援,又避免扩大损失。

(1)严禁在水中起动汽车。汽车因进水熄火后,驾驶人绝对不能抱着侥幸心理贸然起动车辆,否则会造成发动机进水,引起车辆损坏。当汽车被水浸入时,驾驶人应马上熄火,及时求援并拨打报案电话。

实践证明,因雨受损的汽车,大多是因水中熄火后,驾驶人再次起动而造成发动机损坏的——大约90%的驾驶人会尝试再次起动车辆。

(2)科学拖车。施救水淹汽车时,一般应采用硬牵引,或将前轮托起后牵引,一般不要采用软牵引方式救援。如采用软牵引拖车,一旦前车减速,被拖汽车往往会采用挂挡、利用发动机制动的方式减速,导致被拖车发动机损坏。如果能将汽车前轮托起后牵引,可以避免因误挂挡而引起的发动机损坏。

(3)及时告知车主及承修厂商。在将受淹车拖出水域后,应及时告知车主和承修厂商,下列措施是被保险人应尽的施救义务,最好印刷统一的格式化的告知书,交被保险人或当事人签收,最大限度地防止损失进一步扩大:

①容易受损的电器(如汽车电脑、音响、仪表、继电器、电机、开关、电气设备等)应尽快从车上拆下,进行排水清洁。

②电子元件用无水酒精清洗(不要长时间清洗以免腐蚀电子元件)晾干,避

免因进水引起电器短路。

③某些贵重的电器设备,如汽车电脑,如果烘干及时,完全可以避免损失;如果清洗晾干不及时,就有可能导致报废。

(4)仔细检查电路部分。将所有被水侵蚀过的电器仔细检查、排水、烘干,用万用表检查各处线路是否有搭铁、短路等现象。确认正常后,方可通电。

(5)及时检查相关机械零部件。

①检查汽缸是否进水:将火花塞(喷油嘴)全部拆下,用手转动曲轴,如汽缸进水,则会有水从火花塞螺孔处流出;如用手转动曲轴时感到有阻力,说明发动机内部可能存在损坏,勿用工具强转,要查明原因,排除故障,以免引扩大损坏。

②查看或更换机油:将机油尺抽出,查看润滑油颜色。如呈乳白色或有水珠,就要将润滑油全部放掉,清洗发动机后更换新润滑油。

③润滑汽缸:如果通过检查未发现机油有异常,可从火花塞孔处加入 10~15mg 的机油,用手转动曲轴数次,使汽缸壁涂上一层油膜起到防锈、密封作用,同时也有利于起动。

④检查变速器、主减速器及差速器:如果上述部件进了水,会使其内的齿轮油变质,造成齿轮磨损加剧。对于采用自动变速器的汽车,还要检查控制电脑是否进水。

⑤检查制动系统:对于水位超过制动油泵的被淹汽车,应更换全车制动液。因为当制动液里混入水时,会使制动液变质,致使制动效能下降,甚至失灵。

⑥检查排气管:如果排气管进了水,要尽快排除,以免水中杂质堵塞三元催化转化器和损坏氧传感器。

(6)清洗、脱水、晾晒、消毒及美容内饰。如果车内因潮湿而有霉味,除了在阴凉处打开车门,让车内水气充分散发,消除车内潮气和异味外,还需对车内进行大扫除,更换新的或晾晒后的地毯及座套。查看车门铰链部分、行李舱地毯之下、座位下的金属部分以及备用胎固定锁部位是否有生锈痕迹。

车内清洁不能只使用一种消毒剂和保护品。应根据各部位的材质选用不同的清洁剂。多数美容装饰店会选用碱性较大的清洁剂,这种清洁剂虽然有增白、去污功效,但有一定后患,碱性过强的清洁剂会浸透绒布、皮椅、顶棚,最终出现板结、龟裂等。应选择 pH 值不超过 10 的清洗液,配合专用抽油机,在清洁的同时用循环水将脏东西和清洗剂带走,并将此部位内的水汽抽出。还有一种方法是采用高温蒸汽对车内真皮座椅、车门内饰、仪表板、空调风口和地毯等进行消毒,同时清除车内烟味、油味、霉味等各种异味。

(7) 汽车维护。如果整车被水浸泡,除按以上排水方法进行处理外,最好对全车进行一次二级维护。全面检查、清理进水部位,通过除锈、润滑、紧固等方式,恢复汽车性能。

(8) 谨慎起动。未排水前,严禁采用起动机或人工推车或拖车方式起动被淹汽车发动机。只有排水、润滑后才能起动。

2. 水淹基本情况

1) 水的种类

汽车水淹损失评估中通常将水分为淡水和海水,本书只对淡水造成的损失进行评估。其中,对淡水的浑浊情况还应进行认真了解,多数水淹损失中的水为雨水和山洪形成的泥水,但也有由于下水道倒灌而形成的浊水,其中有油、酸性物质和各种异物。由于油、酸性物质和各种异物对汽车的损伤各不相同,因此必须在现场查勘时仔细检查,并做明确记录。

2) 水淹高度

水淹高度是确定水淹损失程度的一个重要参数,水淹高度通常不以高度的计量单位(米或厘米)为单位,而是以重要的具体位置作为参数。以轿车为例,如图16-2所示,水淹高度通常分为以下6级。

图16-2 轿车水淹高度分级

(1) 1级:制动盘和制动毂下沿以上,乘员舱未进水。

(2) 2级:车身地板以上,乘员舱进水,而水面在驾驶人座椅坐垫以下。

(3) 3级:乘员舱进水,而水面在驾驶人座椅坐垫面以上、仪表工作台以下。

(4) 4级:乘员舱进水,仪表工作台中部。

(5) 5级:乘员舱进水,仪表工作台面以上、顶篷以下。

(6) 6级:水面超过车顶。

每级的损失程度差异较大,在后面的损失评估时再进行定性和定量分析。

3）水淹时间

水淹时间（H）也是水淹损失程度的一个重要参数，水淹时间的长短对汽车的损伤差异很大，在现场查勘时确定水淹时间是一项重要工作。水淹时间的计量单位常以小时为单位，通常分为以下6级。

(1) 1级：$H \leqslant 1$。

(2) 2级：$1 < H \leqslant 4$。

(3) 3级：$4 < H \leqslant 12$。

(4) 4级：$12 < H \leqslant 24$。

(5) 5级：$24 < H \leqslant 48$。

(6) 6级：$H > 48$。

每级的损失程度差异较大，在后面的损失评估时再进行定性和定量分析。

4）汽车的配置情况

要对被淹汽车的配置情况进行认真记录，特别注意电子器件的配置情况，如ABS（防抱死制动系统）、ASR（牵引力控制系统）、SRS（电子安全气囊）、PTS（驻车辅助系统）、AT（自动变速器）、CVT（无级变速器）、CCS（定速巡航系统）、CD机、GPS（车载导航仪）、TEMS（电子调整悬架）等，对水灾可能造成的受损部件一定要做到心中有数。另外，要对如真皮座椅、高档音响、车载DVD及影视设备等配置是否为原车配置进行确认，如果不是原车配置，应核实车主是否投保"新增设备险"。受损配置是否属于"保险标的"，对于理赔结果差别很大。

3. 水灾损失评估

1）水淹汽车的损坏形式

（1）静态进水损坏。

汽车在停放时被暴雨或洪水侵入甚至淹没属于静态进水，如图16-3所示。

汽车在静态条件下如车内浸水，会造成内饰、电路、空气过滤器、排气管等部位受损，有时汽缸内也会进水。此种情况，即使不起动汽车，也会造成内饰浸水、电路短路、空气过滤器、排气管和发动机浸水生锈等；电喷发动机因短路会造成无法点火；如强行起动，极有可能导致损坏。就机械部分而言，汽车被水泡过之后，进入发动机的水分在高温作用下，会加剧内部运动机件的锈蚀，当进气吸水过多时，容易变形，严重时导致发动机报废。另外，汽车进水后，车的内饰容易发霉、变质，如不及时清理，天气炎热时会出现各种异味。

（2）动态进水损坏。

动态进水是指汽车在行驶过程中，发动机汽缸吸水而使汽车熄火，或在强行涉水未果、发动机熄火后被水淹没,如图 16-4 所示。

图 16-3　静态进水

图 16-4　动态进水

汽车在动态条件下,由于发动机仍在运转,汽缸吸入水后,会迫使其熄火。对于此种情况,除了静态条件下可能造成的全部损失外,还有可能导致发动机直接损坏。

同样是动态条件下的损坏,由于发动机转速不同、车速不等、进气管口安装位置有别、汽缸吸入水量不相等,所造成的损坏也有所不同。

如果高速行驶时吸入水,有可能导致连杆折断、活塞破碎、缸体被连杆捣坏等故障。有时,因进水导致的自然熄火,虽车主没继续使用车辆,并对相关零部件进行了清洗,但也有可能造成折断的连杆捣毁缸体的恶性事故。这是由于当时的进水往往造成连杆轻微弯曲,为日后故障留下了隐患。动态进水造成故障的修理费用往往十分昂贵。

2）汽车涉水的理赔分类

从保险公司的业务划分看,因暴雨造成的汽车损失,主要分为 5 种:由于暴雨淹及车身而进水,导致金属部件生锈、电子电器件及内饰损坏;发动机进水后,驾驶人未经排水处理甚至直接就在水中激活发动机,导致内部机件损坏;水中漂游物或其他原因对车身、玻璃等发生擦撞、碰伤等损失,或因其他相关原因造成汽车损失;落水后,为抢救汽车,或者为了将受损汽车拖到修理厂而支付的施救、拖车等费用;汽车被水冲失所造成的全车损失。

3）水淹后的损失评估

(1)水淹高度为 1 级时的损失评估。

当汽车的水淹高度为 1 级时,有可能造成的受损零部件主要是制动盘和制动毂。损坏形式主要是生锈,生锈的程度主要取决于水淹时间的长短以及水质。通常情况下,无论制动盘和制动毂的生锈程度如何,所采用的补救措施主要进行四轮维护。

因此,当汽车的被淹高度为 1 级、被淹时间也为 1 级时,通常不计损失;被淹时间为 2 级或 2 级以上时,水淹时间对损失金额的影响也不大,损失率通常为 0.1% 左右。

(2) 水淹高度 2 级时的损失评估。

当汽车的水淹高度为 2 级时,除造成 1 级水淹高度时所造成的损失以外,还会造成以下损失:车的四轮轴承进水;全车悬架下部连接处引进水而生锈;配有 ABS 的汽车的轮速传感器的磁通量传感失准;地板进水后车身地板如果防腐层和油漆层本身有损伤就会造成锈蚀;少数汽车将一些控制模块置于地板上的凹槽内(如上海大众帕萨特 B5),会造成一些控制模块损毁(如果水淹时间长,被淹的控制模块有可能彻底失效)。损失率通常为 0.5%~2.5%。

(3) 水淹高度 3 级时的损失评估。

当汽车的水淹高度为 3 级时,除造成 2 级水淹高度所造成的损失以外,还会造成以下损失:座椅潮湿和污染;部分内饰的潮湿和污染;真皮座椅和真皮内饰损伤严重。一般来说,水淹时间超过 24h 以后,还会造成桃木内饰板会分层开裂;车门电动机进水;变速器、主减速器及差速器可能进水;部分控制模块被水淹;起动机被水淹;中高档车行李舱中 CD 换片机、音响功放被水淹。损失率通常为 1.0%~5.0%。

(4) 水淹高度 4 级时的损失评估。

当汽车的水淹高度为 4 级时,除造成 3 级高度所造成的损失以外,还可能造成以下损失:发动机进水;仪表台中部分音响控制设备、CD 机、空调控制面板受损;蓄电池放电、进水;大部分座椅及内饰被水淹;音响的喇叭全损;各种继电器、熔断丝盒可能进水;所有控制模块被水淹。损失率通常为 3.0%~15.0%。

(5) 水淹高度 5 级时的损失评估。

当汽车的水淹高度为 5 级时,除造成 4 级高度所造成的损失以外,还可能造成以下损失:全部电气装置被水泡;发动机严重进水;离合器、变速器、后桥可能进水;绝大部分内饰被泡;车架大部分被泡。损失率通常为 10.0%~30.0%。

(6) 水淹高度 6 级时的损失评估。

当汽车的水淹高度为 6 级时,汽车所有零部件都受到损失。损失率通常为 25.0%~60.0%。

4) 涉水汽车免责条款

汽车因水淹造成的损失属于车辆损失险的勘查、理赔范畴。车损险中自然灾害指对人类以及人类赖以生存的环境造成破坏性影响的自然现象,包括雷击、暴风、暴雨、洪水、龙卷风、冰雹、台风、热带风暴、地陷、崖崩、滑坡、泥石流、雪崩、冰陷、暴雪、冰凌、沙尘暴、地震及其次生灾害等。如果汽车在行驶过程中进水,或车主在明知发动机进水的情况下起动汽车,对于这类损坏,保险公司不予赔偿。

二、任务实施

1. 准备工作

(1) 将实训车辆停放在实训工位。

(2) 准备相关工具、"三件套"等。

(3) 检查实训室通风系统设备、举升设备等工作是否正常。

2. 技术要求与注意事项

(1) 车体周正、车体外缘左右对称部位高度差不得大于40cm。

(2) 在进行油、水液位检查时一定要可靠、平稳地停靠车辆。

3. 操作步骤

(1) 与客户交流,记录车辆信息和建立联系。

(2) 安装车辆防护用具。安装好座椅套、转向盘套、变速器操纵杆套、脚垫,确认驻车制动可靠实施,车辆挡块可靠安放。

(3) 查验客户"三证"(图16-5)是否齐全。

(4) 对车辆涉水状况进行查勘,如图16-6所示。

图16-5　证件图　　　　　图16-6　车辆涉水状况查勘

(5) 查看涉水后留下的水迹,如图16-7所示。

(6) 假设现场查勘的情况和车主叙述的基本吻合,该车是属于动态进水损坏,水淹高度为2级。利用所学知识判定是否承担保险责任。

(7)事故车定损。记录车辆相关信息,如车辆铭牌(图16-8)、车辆VIN码(图16-9)。

图16-7　查看水迹

图16-8　车辆铭牌

(8)对受损事故车拆解后的相关零部件拍照。

(9)登记所有受损部件。

(10)填写机动车辆保险车辆损失情况确认书零部件更换项目清单(代询价单)。

(11)所有资料归档。

(12)现场恢复车辆和场地,注意"5S"、安全等。

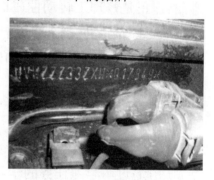

图16-9　车辆VIN码

三、学习拓展

(一)避免发生灾害性水淹事故的注意事项

(1)不了解积水深度时,不要轻易地让汽车涉水。

(2)如果是很浅的水域,最好均衡加油、安全驶过。

(3)不要盲目紧随前方汽车,应观察前方汽车通过情况再行决定自己是否通过。

(4)当水淹没高度达到车轮半径时,应尽量避免让汽车涉水。不得不过时,可将排气管通过软管接高,同时挂低挡位、匀速、低速通过,尽量避免让水进入排气管。

(5)一旦车主遇到汽车进水的情况,不要再轻易起动车辆,最好到专业的汽车售后服务站进行修理。

(二) 典型水灾案例分析

某车主驾驶一辆克莱斯勒"君王"牌轿车涉水行驶时,因发动机进水而自然熄火。车主未进行任何企图激活发动机的操作,并及时向保险公司报了案。

查勘人员来到现场,调拖车将被淹车拖至修理厂。修理工转动曲轴清理发动机内积水时,感觉阻力太大,于是起动发动机,强行转动,转完后不久,发现车底漏出机油。车主指出责任不在自己,强烈要求保险公司赔付。保险公司无法举出自己无过错证据,只好赔付。

原因分析:车主驾车涉水时,汽缸进了水,并导致处于压缩行程活塞连杆的弯曲,这正是修理工转动曲轴时感到阻力过大的原因。后来修理工用发动机带动发动机曲轴运转,弯曲的连杆捣坏了汽缸体,引起发动机漏油。

该案例属于因修理不当而引起的损失扩大。

四、评价与反馈

1. 自我评价

(1)通过本学习任务的学习,你是否已经知道以下问题的答案?
①在水灾事故车辆查勘时,应注意哪些问题?

_____

②在水灾事故车辆定损中,应该注意哪些问题?

_____

(2)水灾事故车辆查勘包括哪几大步骤?

_____

(3)实训过程完成情况如何?

_____

(4)通过本学习任务的学习,你认为自己的知识和技能还有哪些欠缺?

_____

签名:_____   ___年___月___日

2. 小组评价

表16-1为技能评价表。

技 能 评 价 表　　　　　　　　　　　　表 16-1

序号	评价项目	评价情况
1	着装是否符合要求	
2	是否能合理规范地使用仪器和设备	
3	是否能按照安全和规范的流程操作	
4	是否能遵守学习、实训场地的规章制度	
5	是否能保持学习、实训场地整洁	
6	团结协作情况	

参与评价的同学签名：_____　　___年___月___日

3．教师评价

_____。

签名：_____　　　　　　　　　　___年___月___日

五、技能考核标准

考核的方式建议用每个人独立完成学习领域中的实训任务，培养学生独立自主完成任务的能力。实训任务综合性较强，可以根据学生完成实训任务的情况评价整个学习领域的学习效果。表 16-2 为技能考核标准表。

技能考核标准表　　　　　　　　　　　　表 16-2

序号	项目	操作内容	规定分	评分标准	得分
1	水灾事故的查勘与定损	记录车辆铭牌信息	5 分	记录信息是否全面，缺少一个信息扣 2 分	
2		防护用品安装情况	10 分	是否正确安装"三件套"、车轮挡块，少安装一个扣 5 分	
3		查验客户"三证"是否齐全	15 分	驾驶证、行驶证、保险单（电子保单），每少一个扣 5 分	

续上表

序号	项目	操作内容	规定分	评分标准	得分
4	水灾事故的查勘与定损	轿车水淹等级分类	20分	会对水淹轿车登记分类表述,每少一个扣3分(共6个等级)	
5		涉水车辆查勘步骤	20分	对涉水车辆现场查勘、取证拍照等,少一项扣5分	
6		判断车辆是否属于保险责任	10分	根据所学知识判断是否属于保险责任,正确得10分	
7		涉水车辆定损步骤	15分	对所有涉水部件拆解定损、观察受损情况,每少一个扣2分	
8		复位	5分	恢复车辆和场地、注意"5S"、安全	
		总分	100分		

学习任务17　火灾事故的查勘与定损

学习目标

☆知识目标

1. 掌握火灾事故现场查勘的基本流程;
2. 掌握火灾损失时机动车辆的施救与维护方法;
3. 掌握火灾受损车辆的定损方法等。

☆技能目标

1. 能完成火灾事故现场查勘;
2. 能完成火灾事故车辆定损。

项目五　特殊车险事故查勘与定损

☆课程思政目标

1. 锻炼科学分析和解决问题的能力；
2. 培养精益求精的工匠精神。

4课时。

任务描述

××年×月×日中午12时30分,一辆红色的小轿车,在××市上南路由南向北行驶至成山路时,车头突然冒烟起火。顷刻间,火势迅速蔓延至整个车身,并伴有剧烈的爆炸声。客户报案,要求保险公司出现场,作为专业人员,你将如何查勘与定损?

一、理论知识准备

(一)汽车起火的分类

汽车起火分自燃、引燃、碰撞起火、爆炸和雷击起火五类。

1. 自燃

根据保险条款的解释,所谓自燃,是指机动车在没有外界火源的情况下,由于本车电器、线路和供油系统等车辆自身原因发生故障或所载货物自身原因起火燃烧的现象。

2. 引燃

引燃是指机动车在停放或者行驶过程中,因为外部物体起火燃烧,使车体乃至全车被火引燃,导致部分或全面燃烧的现象。

3. 碰撞起火

碰撞起火是指机动车在行驶过程中,因为发生意外事故而与固定物体或者移动物体相碰撞,假如机动车采用汽油发动机,碰撞程度又较为严重,引起部分机件的位移,挤裂了汽油管,喷射而出的汽油遇到了运转着的发动机所发出的电火花,导致起火燃烧的现象。

4. 爆炸

爆炸起火是指因为车内、车外的爆炸物起爆所引发的机动车起火燃烧,包括车内安置的爆炸物爆炸引爆、车外爆炸物爆炸引爆、车内放置的打火机、香水、摩丝等被晒爆引爆、车载易爆物爆炸引爆等多种形式。

5. 雷击起火

雷击起火是指机动车在雷雨天气被雷击中而起火燃烧的现象。

(二)汽车自燃的原因

汽车自燃尽管原因复杂,但围绕火源(着火点)、可燃物、氧气(或空气)三大因素,结合汽车结构,基本可分析出汽车起火的真实原因。汽车自燃的主要原因有如下几种。

1. 漏油

漏油点大多集中在管件接头处。无论是行进还是停驶状态,汽车上都可能存在火源,如高压电火花、蓄电池外部短路时产生的高温电弧、排气管排出的高温废气或喷出的积炭火星等,当泄漏的燃油遇到火花,就会造成起火。

2. 漏电

发动机工作时,点火线圈温度很高,使高压线绝缘层软化、老化、龟裂,导致高压漏电,或高压线脱落引起跳火。由于高压漏电是对准某一特定部位持续进行的,故会引发漏电处温度升高,继而引燃泄漏汽油。

低压线路搭铁也会引发汽车自燃。因搭铁处产生大量热能,如与易燃物接触,会导致自燃。造成低压线搭铁的原因有:导线老化、导线断路搭铁、触点式开关触点烧结;私家车主添加防盗器、高档音响、通信设备、电动天窗、空调等,未对整车线路布置进行分析及功率复核,导致个别线路用电负荷加大;维修整车线路或加接控制元件时,未对导线易松动处有效固定,使导线绝缘层磨损。

3. 接触电阻过大

线路接点不牢或触电式控制开关触点接触电阻过大等,会使局部电阻过大,长时间通电时会发热,继而引燃可燃物。

4. 人工直流供油

对于采用化油器的汽车来说,有时会出现供油系统工作不良的现象。个别驾驶人为了省事,向化油器直流供油。此时一旦发生化油器回火,就将引起汽车起火。

5. 明火烘烤柴油油箱

冬季,有时柴油机会出现供油不畅。某些驾驶人在油箱外用明火烘烤,极易引起火灾。

6. 车载易燃物引发火灾

当车上装载的易燃物因泄漏、松动摩擦而起火时,导致汽车起火。

7. 超载

汽车超载时,发动机处于大负荷和过热运转状态,一旦超过极限,就有可能发生自燃。超载时,钢板几乎被压平,可能引起机械摩擦而起火。

8. 停车位置不当

现代汽车一般装有三元催化反应器,该装置因位于排气管上而温度很高,且在大多数轿车上位置较低。如果停车时恰巧将其停在麦秆等易燃物附近,会引燃可燃物。

如果驾驶人夏季将汽车长时间停放在太阳下暴晒,会将习惯性放置在车内风窗玻璃下的一次性打火机晒爆,如果车内恰巧有火花(如吸烟、正在工作的电气设备产生的电火花等),就会引燃车内几乎没有阻燃功能的饰品。

(三)汽车火险的查勘与定损

查勘时必须详细了解发生自燃的原因、起火点,以及当时、当地的气候条件(是否持续高温、干燥)、标的车连续行驶时间、车上是否存放易燃物品、车上是否配备消防设施、车上人员是否有吸烟习惯等。查勘火灾现场情况,查找是否有故意纵火的痕迹,根据案情判断事故当事人是否有故意纵火的嫌疑。特别是对出险日期与投保日期接近、车龄长、车况差、新车价值较高的事故车,查勘时必须严格谨慎。对于自燃事故,查勘后必须做详细的笔录,并经当事人签名确认,同时明确告知被保险人索赔时必须提供公安消防部门的火灾事故证明。

1. 火灾事故车辆现场查勘

1)查勘的主要步骤

(1)车:查验该车是否属于承保的标的。

(2)证:查验驾驶证和行驶证无误。

(3)人:驾驶人是否受伤,该车的驾驶人是否为车主本人。

(4)路:该车符合在高速公路上行驶的条件。

(5)货:经车主确认车上并无其他货物。

(6)行:该车没有违规。

火灾事故案例剖析

2)利用"问、闻、看、思、摄"五字法取证

(1)问:及时向公安部门核实或者向当地群众了解出险时间、地点、原因、经过等,确认车主的叙述是真实的。由公安、消防部门提供的证明来确定出险原因。确定财产损失情况主要是确认保险车辆和车上损失,车主是否受伤,此外有无其他人员伤亡。

(2)闻:从交管部门取证,验证车主非酒后驾车。

(3)看:观察发现该车行驶的路况是较好的,当消防人员将火扑灭后,查勘人员到现场同交警以及消防人员一起寻找起火部位,分析起火原因。

以车辆为中心,向双方车辆驶来方向的路面寻查制动拖印、挫划印痕,测量其始点至停车位的距离及各种印痕的形态。车辆着火现场路面和车上的各种痕迹在着火过程中消失或在救火时,被水、泡沫、泥土和沙等所掩盖,查勘时首先对路面原始状态查看、拍照,并做好各项记录。施救后用清洁水将路面油污、污物冲洗干净,待暴露印痕的原状后再详细勘察。

查勘着火车辆在路面上散落的各种物品及伤、亡人员倒卧位置以及碰撞被抛撒的车体部件、车上物品位置、与中心现场距离、实际抛落距离,推算起火车辆行驶速度。

(4)思:当询问车主其行李舱里有没有装易燃品时,若车主有些慌张,便可能经过查勘人员的仔细检查后发现有易燃品存在。

(5)摄:拍摄驾驶人的行车证和驾驶证以及受损车辆的受损部位图片,注意拍摄位置。

2. 现场查勘及调查

现场查勘,分析车辆起火原因。判断是碰撞事故引起燃烧还是车辆自燃引起燃烧;标的是动态状态下起火还是静态状态下起火;检查车辆燃烧痕迹,判断燃烧起火点及火源。

1)现场查勘重点

(1)查勘路面痕迹。

(2)查勘路面上散落物。

(3)对"火迹"及"过火时间"进行勘查。

(4)动态状态下起火燃烧查勘。

(5)静态状态下车辆起火燃烧查勘。

2)现场调查重点

(1)车辆碰撞或翻车的具体情节及造成起火的原因。

(2)车辆起火和燃烧的具体情节及后果。

(3)车辆起火后,驾驶人采取了哪些扑救措施。

(4)车辆起火时,灭火及抢救的具体情况。

3)走访与调查

走访、调查现场有关人员,就其当时看到的情况做好询问笔录,并对笔录签名,留下联系电话。应特别注意了解车辆起火时,驾驶人从车内出来时的言行举止。

4)做笔录时应注意的问题

在对当事人做现场笔录时应注意的问题有:当事驾驶人与被保险人的关系;车辆为何由当事驾驶人使用;保险车辆起火的详细经过,发现起火时当事人做了什么应急处理;近期该车技术状况和使用情况如何?是否进行过修理?最近一次在哪家修理厂维修的?

5)总结与比较

重点查勘事故地周围有无异常物、车上配件、工具,调查起火前、起火中、起火后状况,特别注意通过认真比较有什么差异,发现下列问题,以便进一步深入细致地重点调查:

(1)有几个起火点。

(2)起火部位在一个不寻常的地方。

(3)火势突然而且过分猛烈。

(4)似乎没有合理的起火原因。

(5)与起保日期或保险终止日期相近。

(6)车辆上应有物品已不在。

(7)车上物品、配件被移下,有被搜寻或拆装证据。

(8)当事人反对某种调查。

(9)当事人行动反常,表现特别冷淡。

(10)当事人的叙述与已知的事实不相符,或证词相互矛盾。

3. 与汽车自燃相关的几个问题

(1)汽车上的主要易燃物。汽车上的主要易燃物品有燃料、润滑油、导线、车身漆面、内饰、塑料制品、轮胎等,这些物品一旦遇火,就会起到明显的助燃作用。

(2)发动机熄火后的自燃。发动机熄火以后,有时汽车反而会自行起火燃烧,这种现象令人费解。其实,当发动机熄火以后,由于失去了风冷条件,车体内温度反而会有所上升,有可能导致临近燃点的汽车上的某些物品起火燃烧。

(3)车厢内部是否会起火。车厢内部会自行起火这种现象在理论上是存在的。但在实际当中,几乎不可能发生。原因是:车内没有明显的火源,再加之车的内饰品大多带有一定的阻燃功能,因此,一般不会自车内起火燃烧。

(4)暴晒的打火机与自燃。有时,驾驶人会将一次性打火机放置在仪表板处。如果汽车在烈日下暴晒,很有可能会晒爆气体打火机。爆炸的打火机完全有可能打坏仪表盘,若火线被打断,还有可能引发起火。

(5)防盗报警器与自燃。私自安装的报警器,由于始终通电,如果导线偶然断开或因电流过大而烧焦,就容易成为汽车上的自燃火源点。

(6)轮胎与自燃。汽车起火后,由于风向的缘故,车身两侧以及车前后安装的轮胎燃烧程度并不一致,一般来说,顺风向轮胎燃烧较重,顶风向不会燃烧。另外,由于地面的散热条件较好,而且地面与轮胎之间没有空气流通,所以,轮胎的接地点也不会燃烧。

(7)拆卸油管可能引起自燃。对于装有电喷式发动机的汽车来说,电喷发动机熄火后,油管中仍然有一定的残余压力,如果马上用手拆油管,会喷出汽油,引发起火。

(8)自燃与油箱爆炸。在影视作品中,汽车燃烧往往会伴随着油箱的爆炸。这种场景是导演为了追求艺术方面的视觉冲击效果而设计出来的。在实际的汽车火灾现场,极少发生油箱爆炸事件。伴随着汽车的燃烧,油箱中的汽油往往只会被烧光。这是因为,在汽车起火燃烧的过程中,油箱内并无空气,燃烧着的火焰无法被引入油箱内部。但是,车体燃烧所产生的高温会对油箱及其内部的汽油产生强烈的烘烤,导致油箱中的汽油挥发,从而产生较高的气压,将油箱盖顶开,汽油挥发而出,快速燃烧直至烧光。

4. 保险责任

在时间或空间上失去控制的燃烧所造成的灾害,主要是指外界火源以及其他保险事故造成的火灾导致保险车辆的损失,保险公司可以承担责任。

对于因本车电器、线路、供油系统等发生问题产生自身起火,造成保险车辆损失以及违反车辆安全操作原则,用有火焰的火,如喷灯、火把烘烤车辆造成保险车辆损失的均属除外责任。在对因火灾造成保险车辆损失的查勘定损处理中,应严格掌握保险责任与除外责任的区别,研究、分析着火原因。

5. 火损汽车的定损

1)火灾对车辆损坏情况的分析

(1)整体燃烧。整体燃烧是指机舱内线路、电器、发动机附件、仪表台、内装饰件、座椅烧损,机械件壳体烧融变形,车体金属件(钣金件)脱炭(材质内部结构发生变化),表面漆层大面积烧损。

(2)局部烧损。局部烧损包括机舱着火造成发动机前部线路、发动机附件、部分电器、塑料件烧损;轿壳或驾驶室着火造成仪表台、部分电器、装饰件烧损。货运车辆一般为货箱内起火,属局部损伤。

2)火灾车辆的定损处理方法

对明显烧损的器件进行分类登记,对机械件进行测试、分解检查,特别是转向、制动、传动部分的密封橡胶件。对金属件(特别是车架,前、后桥,壳体类),考虑是否因燃烧而退火、变形。对于因火灾使保险车辆遭受损害的,分解检查工作量很大,且检查、维修工期较长,一般很难在短时期内拿出准确估价单,只能是边检查、边定损,反复进行。

3)火灾汽车的定损

汽车起火燃烧后,其损失评估的难度相对大些。如果汽车的起火燃烧能被及时扑灭,则可能会导致一些局部损失,损失范围也只是局限在过火部分的车体油漆、相关的导线及非金属管路、过火部分的汽车内饰内。只要参照相关部件的市场价格,并考虑相应的工时费,即可确定出损失的金额。

如果汽车的起火燃烧持续了一段时间之后才被扑灭,虽然没有对整车造成毁灭性破坏,但也可能造成比较严重的损失。凡被火"光顾"过的车身外壳、汽车轮胎、导线线束、相关管路、汽车内饰、仪器仪表、塑料制品、外露件的美化装饰都可能会报废,定损时需考虑相关需更换件的市场价格、工时费用。

如果起火燃烧程度严重,外壳、汽车轮胎、导线线束、相关管路、汽车内饰、仪器仪表、塑料制品、外露件的美化装饰等肯定会被完全烧毁。部分零部件,如控制电脑、传感器、铝合金铸造件等,可能会被烧化,失去任何使用价值。一些看似"坚固"的基础件,如发动机、变速器、离合器、车架、悬架、车轮轮毂、前桥、后桥等,在长时间的高温烘烤作用下,会因"退火"而失去应有的精度,无法继续使用,此时,汽车距离完全报废已经很近了。

二、任务实施

1. 准备工作

(1)将实训车辆停放在实训工位上。

(2)准备相关工具、"三件套"等。

(3)检查实训室通风系统设备、举升设备等工作是否正常。

2. 技术要求与注意事项

(1)车体周正、车体外缘左右对称部位高度差不得大于40cm。

(2)在进行油、水液位检查时,一定要可靠平稳停靠车辆。

3. 操作步骤

（1）与客户交流，记录车辆信息和建立联系。

（2）安装车辆防护用具。安装好座椅套、转向盘套、变速器操纵杆套、脚垫，确认驻车制动可靠实施，车辆挡块可靠安放。

（3）查验客户"三证"是否齐全。

（4）到达现场后查看是否自燃。自燃一般有初期前兆，例如车身有异响、异味或振动等现象。查找起火点，注意不要随意打开发动机舱盖。

（5）检查左前轮胎炭化但铝合金完好无损、前牌照是否清晰可见且前保险杠完好（图17-1）。

（6）右后轮铝合金烧化，右前轮除烟熏痕迹外基本完好，行李舱（呈开启状）四周无漆且变色，内部物品严重损，发动机舱盖大部分没漆，打开发动机舱盖发现仅塑料管受高温熔融变形，未见过火痕迹，发动机完好无损（图17-2）。

图17-1　火灾事故车（左前侧拍照）　　图17-2　火灾事故车（右前侧拍照）

（7）经询问和现场勘验，排除油箱漏油。因行李舱内紧临油箱壁的装饰板未完全燃烧，说明装饰板未被汽油浸湿。

（8）起火原因可能是行李舱内的车载物为易燃物品。如经查验，在行李舱发现一块表板蜡（易燃品）铁皮瓶身和脱离的盖子，且瓶子底部外凸呈半圆形，说明泄露的表板蜡遇上行李舱内处于工作状态转向灯线路可能产生的电火花，继而引发火灾。经消防部门协助调查，本事故车辆火灾为行李舱泄漏的可燃气体遇电火花引起，界定属于自燃的属性。

（9）如果属于保险责任，需要进一步拆解定损。

（10）所有查勘定损资料归档，现场复位。

三、学习拓展

典型火灾案例分析

案例1　一辆豪华轿车驶至高速公路收费站前起火。据驾驶人称，行驶中仪表显示正常,突听车尾一声闷响,车身微振,一股浓烟从后窜入车厢。驾驶人停车、熄火、下车,见排气管末端有火焰,行李舱盖缝隙处有浓烟冒出。掀开行李舱盖后,近 2m 高的大火一蹿而起。大火导致车窗玻璃熔化,车内可燃物烧毁,仪表盘、转向盘、车座荡然无存,4 个车门变形变色。

现场勘察表明:左侧烧损比右侧重、后面烧损比前面重。一是左后轮铝合金烧化,左前轮胎炭化但铝合金完好无损;右后轮有熔融的铝合金残留痕迹,右前轮除烟熏痕迹外基本完好。二是后保险杠烧毁,后牌照烧化;前牌照清晰可见且前保险杠完好。三是行李舱(呈开启状)四周无漆且变色,内部物品严重烧损;发动机舱盖大部分没漆,打开发动机舱盖发现仅塑料管受高温熔融变形,未见过火痕迹,发动机完好无损。四是汽车处于下坡状态,风向是从车头到车尾。当事人在发现起火时车厢内无明火,仅有从后座蔓延的烟雾,车内人员无烧伤。故起火部位应在尾部。起火点可能是油箱和行李舱内车载物。

经讯问和现场勘验,排除油箱漏油,因行李舱内紧临油箱壁的装饰板未完全燃烧,说明装饰板未被汽油浸湿。起火原因可能是行李舱内的车载物。在行李厢内发现一表板蜡(易燃品)铁皮瓶身和脱离盖子,且瓶子底部外凸呈半圆形。说明泄露的表板蜡遇上行李舱内处于工作状态 CD 机或转向灯有可能产生的电火花,引发火灾。

案例 2　某车主为花 8 万元所购 SEL600 投保车损险、三者险及车上责任险等,保额 220 万元,其中车损险 130 万元,付保费 29140 元。随后车主驾车发生事故,汽车坠入山涧并起火烧毁。车主返回后报案,保险公司和公安人员于次日上午进行现场勘察。

保险公司以"不属保险责任""涉嫌骗保"为由拒赔,后被告上法庭。法院审理认为:保险合同中约定承保车辆可保价值为 130 万元,保险金额也是 130 万元,为"定额保险";"骗保问题"证据不足。因此,保险公司败诉。

本案投保人存在骗保动机,事故现场又无明显的意外事故痕迹,但保险公司却打输了官司,值得深思。要想确定投保人骗保,保险公司必须证明投保人两点:出于欺诈动机投保;存在故意造成损失的欺诈行为。但遗憾的是,保险公司未能在庭审中证明这两点。

本案中,假如保险公司能证明以下几点中的一点,就占有了明显的优势:

(1)承保车中无钥匙,不会是在驾驶状态冲下山崖。

(2)汽车无翻滚只有前部发生碰撞,位于尾部的油箱不可能起火。

(3)承保车前门关、后门开,而从事故发生到车辆起火,驾车人不可能有足够时间从后门逃生。

（4）油箱起火是由外部引燃的。

（5）虽然山崖很陡峭，车辆呈90°角直立，但驾车人毫发无伤。

（6）转向盘和仪表盘上无任何血迹。

四、评价与反馈

1. 自我评价

（1）通过本学习任务的学习，你是否已经知道以下问题的答案？

①在火灾事故车辆查勘时，应注意哪些问题？

_____

②在火灾事故车辆定损中，应该注意哪些问题？

_____

（2）在火灾事故车辆查勘中，包括哪几大步骤？

_____

（3）实训过程完成情况如何？

_____

（4）通过本学习任务的学习，你认为自己的知识和技能还有哪些欠缺？

_____

签名：_____   ____年____月____日

2. 小组评价

表17-1为技能评价表。

技能评价表　　　　　　　　　表17-1

序号	评价项目	评价情况
1	着装是否符合要求	
2	是否能合理规范地使用仪器和设备	
3	是否能按照安全和规范的流程操作	
4	是否能遵守学习、实训场地的规章制度	
5	是否能保持学习、实训场地整洁	
6	团结协作情况	

参与评价的同学签名：_____   ____年____月____日

3. 教师评价

_____。

签名：_____ ___年___月___日

五、技能考核标准

考核的方式建议用每个人独立完成学习领域中的实训任务，培养学生独立自主完成任务的能力。实训任务综合性较强，可以根据学生完成实训任务的情况评价整个学习领域的学习效果。

技能考核标准表 表17-2

序号	项目	操作内容	规定分	评分标准	得分
1	火灾事故的查勘与定损	记录车辆铭牌信息	5分	记录信息是否全面，缺少一个信息扣2分	
2		防护用品安装情况	10分	是否正确安装"三件套"、车轮挡块，未安装一个扣5分	
3		查验客户"三证"是否齐全	15分	驾驶证、行驶证、保险单（电子保单），每少一个扣5分	
4		火灾事故车辆起火的原因	20分	火灾事故车辆起火原因表述，每少一个扣5分	
5		火灾事故车辆查勘步骤	20分	对火灾车辆现场查勘重点，取证拍照等，少一项扣5分	
6		判断车辆是否属于保险责任	10分	根据所学知识判断是否属于保险责任，正确得10分	

续上表

序号	项目	操作内容	规定分	评分标准	得分
7	火灾事故的查勘与定损	火灾车辆定损步骤	15 分	对所有火灾车辆部件拆解定损、观察受损情况,每少一个扣 2 分	
8		复位	5 分	恢复车辆和场地,注意"5S"、安全	
		总分	100 分		

学习任务 18　玻璃单独破碎事故的查勘与定损

☆**知识目标**

1. 掌握玻璃单独破碎事故现场查勘的基本流程;
2. 掌握玻璃单独破碎事故调查的基本法;
3. 掌握玻璃单独破碎的基本定损方法等。

☆**技能目标**

1. 能完成玻璃单独破碎事故车辆现场查勘的基本流程;
2. 能完成玻璃单独破碎事故车辆的基本定损流程分析。

☆**课程思政目标**

1. 锻炼科学解决和分析问题的能力;
2. 培养精益求精的工匠精神。

4 课时。

任务描述

小黄与朋友约好一起去吃饭,小黄驾车去接朋友,由于朋友说还要有一会儿,小黄就想把车倒进路边停车位等朋友,结果在倒车时后视镜一不小心撞上路边突出来的铁栏杆,后视镜的玻璃碎了一地。小黄打电话报案,作为汽车保险公司的查勘定损人员,你该如何进行现场查勘与定损?

一、理论知识准备

所谓玻璃单独破碎,即车辆在停放或使用过程中,其他部分没有损坏,仅风窗玻璃和车窗玻璃单独破碎,由保险公司负责赔偿。汽车玻璃作为汽车中非常重要的组成部分,有着易破损的特性,一旦受损将严重影响驾驶安全。

(一)汽车玻璃的种类及特点

随着科学技术的进步和汽车工业的发展,汽车玻璃的种类逐渐增多,性能也迅速提高。常见的汽车玻璃包括如下种类。

1. 夹层玻璃

夹层玻璃一般由两片普通玻璃和玻璃间的有机胶合层构成,也可以是三层玻璃与两层胶合层构成或由更多的层复合在一起。夹层玻璃的原片既可以是普通玻璃,也可以是钢化玻璃、半钢化玻璃、镀膜玻璃、吸热玻璃、热弯玻璃等。中间层有机材料最常用的是 PVB(聚乙烯醇缩丁醛),也有甲基丙烯酸甲酯、有机硅、聚氨酯等。具有高抗穿透性的夹层玻璃为 A 类夹层玻璃。

2. 中空玻璃

中空玻璃由两片或多片浮法玻璃组合而成,玻璃片之间夹有充填了干燥剂的铝合金隔框,用丁基胶黏结密封后,再用聚硫胶或结构胶密封。

3. 包边玻璃

包边玻璃是汽车安全玻璃的总成化产品。玻璃包边设计不仅体现了汽车厂家对审美的需求,同时也使玻璃与车体更紧密地结合在一起,具有提高汽车生产线装配效率、缩短装配周期、增强玻璃强度、提高密封性、降低噪声以及附加附件等优点。

4. 防弹玻璃

防弹玻璃是由三层玻璃与 PVB 胶片组成厚度所生产的夹层玻璃,可以成功地抵御子弹及子弹击碎的玻璃碎片的穿透。玻璃的防弹性能很大程度上取决于其总厚度和子弹能量。

另外,常见的还有憎水玻璃、天线玻璃、HUD 前风窗玻璃、隔音玻璃、隔热玻璃、加热玻璃等。

(二) 汽车玻璃标志的识别

汽车玻璃上总会有一些标志,通过识别这些标识,很容易确定该汽车玻璃的种类、型号以及生产厂家,为定损询价提供重要依据。最常见的汽车玻璃标志有以下4种。

1. 国家安全认证标志

汽车用安全玻璃属国家强制认证产品,所以汽车上的每块玻璃都应有国家安全认证标志,以前为"方圆标志",现在为"3C"标志。这是汽车玻璃上最常见也是最重要的标志。

2. 国外认证标志

国外认证标志如美国的"DOT"标志、欧洲ECE的"E"标志等,表示该产品也经过了这些国外认证机构的认证许可,并可以向国外出口。当然,有的企业获得国外认证仅仅是为说明其产品的质量具有"国际水准"。

3. 汽车生产厂标志

一般而言,玻璃生产厂会应汽车生产厂的要求,在玻璃上印制该汽车生产厂家的标识,如商标、公司名称等。

4. 玻璃生产企业标志

玻璃生产企业会在自己生产的玻璃上印制商标或公司简称。部分汽车玻璃生产企业不直接将企业名称打在玻璃上,而是通过安全认证代码来体现。在汽车玻璃的左(右)下角必定有生产厂家的安全认证信息,进口车(正规渠道)也不例外,在这些信息中有E××××××的编号,其中E代表安全玻璃认证,6位数字是生产厂家代码。同一品牌不同生产地具有不同的代码,详见《汽车玻璃生产厂家的安全认证代码表》。另外,玻璃生产企业通常用一些字母标识代表玻璃的种类和属性,例如L代表夹层、LFW代表夹层前挡、FV代表前门三角、T代表钢化等。

(三) 玻璃单独破碎案件的查勘定损

玻璃单独破碎险是指标的车前、后风窗玻璃以及车窗玻璃的整体或部分损失,玻璃单独破碎属于车损险理赔范畴。

1. 查勘规范

(1)查勘员在接到调度后,应在5min内联系客户,初步判断事故损失是否属于保险责任。

(2)与客户商定定损时间、定损地点,明确告知客户,为简化索赔手续,请客户确保在定损完毕后可立即更换玻璃,以保证案件复勘时效。

(3)事故及损失照片的拍摄要求和注意事项如下:

按照查勘定损照片要求,先拍摄人车合影,再对玻璃原始受损外观拍照,包括车辆前后45°、玻璃的整体外观照片(将工牌放在损失部位的旁边,体现出损失部位,无法明显反映的,可用手指示)、损失部位特写照片、玻璃规格型号的铭牌特写照片;营运大客车、进口稀有车型、高档车型,照片必须能清晰体现拍摄日期,相机不能自动显示的,需在拍摄人车合影时,增加当地当日报纸头版作为背景,以体现拍摄当日日期。

除玻璃已经大面积破碎,明显产生表面不平整外,其他类型必须扩大受损面积并拍照。扩损部位面积必须大于15cm×15cm,且必须保留原来的受损痕迹,不允许在原受损部位直接扩损。

为保证客户开车的视线不受影响,避免不必要的争议,扩损必须在玻璃维修更换环节进行,对玻璃的扩损力度必须适中。

(4)进口稀有车型、高档车型存在较大的道德风险,除按照以上要求执行外,需要增加修复验车环节,拍摄更换后的外观照片及玻璃规格型号铭牌的特写照片,以确定更换的玻璃型号与受损的玻璃型号一致。

(5)对于同一车辆出现2次以上(含2次)玻璃单独破碎风险事故,且每次出险原因、损失情形及损失部位存在相似的,查勘员应认真核实系统内上次出险损失照片;对损失接近的,必须对第一次损失的维修情况进行调查。

2. 定损规范

(1)以投保时的约定玻璃型号、标的车现装玻璃型号、市场行情确定定损金额。

(2)同一标的多次发生玻璃单独破碎险的,必须查看以往出险记录,再予以定损。

(3)对于有玻璃修复条件的地区,针对价值较高的原装玻璃,若有轻微裂痕、直径小于1cm的"牛眼"形损失,可逐步尝试修复的方法。

(4)各地应积极开展和当地知名的汽车玻璃经销商合作,从而降低成本和控制风险。

二、任务实施

1. 准备工作

(1) 将实训车辆停放在实训工位。

(2) 准备相关工具、"三件套"等。

(3) 检查实训室通风系统设备、举升设备等工作是否正常。

2. 技术要求与注意事项

(1) 车体周正、车体外缘左右对称部位高度差不得大于40cm。

(2) 在进行油、水液位检查时,一定要可靠平稳停靠车辆。

3. 操作步骤

(1) 与客户交流,记录车辆信息和建立联系。

(2) 安装车辆防护用具。安装好座椅套、转向盘套、变速器操纵杆套、脚垫,确认驻车制动可靠实施,车辆挡块可靠安放。

(3) 查勘员在接到调度后,应在5min内联系客户,初步判断事故损失是否属于玻璃单独破碎险的赔偿范畴,并向呼叫中心座席确认是否投保玻璃单独破碎险。确认保险责任到达现场后,查验客户"三证"是否齐全。

(4) 按照查勘定损照片要求,先拍摄人车合影,再对玻璃原始受损外观拍照,包括车辆前后45°、玻璃的整体外观照片(将工牌放在损失部位的旁边,体现出损失部位,无法明显反映的,可用手指示)、损失部位特写照片、玻璃规格型号的铭牌特写照片。图18-1所示为玻璃单独破碎车辆现场。

图18-1 玻璃单独破碎车辆现场

(5) 照片必须能清晰体现拍摄日期,相机不能自动显示的,需在拍摄人车合影时,增加当地当日报纸头版作为背景,以体现拍摄当日日期。各机构可以根据本机构玻璃单独破碎险的出险频度以及赔付情况,将此做法拓展到其他车型等。

(6) 除玻璃已经大面积破碎,明显产生表面不平整外,其他类型必须扩大受损面积并拍照。

(7) 对于同一车辆出现2次以上(含2次)玻璃单独破碎险,且每次出险原因、损失情形及损失部位存在相似的,查勘员应认真核实系统内上次出险损失照片;对损失接近的,必须对第一次损失的维修情况进行调查。

(8)与客户商定定损时间、定损地点,明确告知客户,为简化索赔手续,请客户确保在定损完毕后可立即更换玻璃,以保证案件复勘时效。

三、学习拓展

部分保户为骗取保险赔款,铤而走险、不择手段,以达到骗赔的目的。为解决汽车玻璃单独破碎问题,考虑从以下几方面着手:

(1)加强车险经营管理,牢固树立效益观念,建立效益为先的考核机制。要提高车险的效益,改变只把保费和业务员挂钩的考核机制,将车险的赔付率、费用率和保费一起和业务员的效益挂钩,使业务员增强工作责任心,重视承保质量,加强售后服务。

(2)加强成本核算。要发挥保险同业协会作用,借助社会力量,使车险业务手续费支付标准控制在规定范围以内。要加强对应收保费的管理,对直销和营销的车险业务,要严格控制应收保费的产生。

(3)完善各项规章制度,加强内部管理,要严格按照车险业务实务规范操作,制定承保、查勘和理算操作的实施细则,做到有章可循、合规经营。

四、评价与反馈

1. 自我评价

(1)通过本学习任务的学习,你是否已经知道以下问题的答案?
①在玻璃单独破碎事故车辆查勘时,应注意哪些问题?

_____。

②在玻璃单独事故车辆定损中,应该注意哪些问题?

_____。

(2)玻璃单独破碎事故车辆查勘包括哪几个步骤?

_____。

(3)实训过程完成情况如何?

_____。

(4)通过本学习任务的学习,你认为自己的知识和技能还有哪些欠缺?

_____。

签名:_____   ___年___月___日

2. 小组评价

表 18-1 为技能评价表。

技能评价表　　　　　　　　　　　　　表 18-1

序号	评价项目	评价情况
1	着装是否符合要求	
2	是否能合理规范地使用仪器和设备	
3	是否能按照安全和规范的流程操作	
4	是否能遵守学习、实训场地的规章制度	
5	是否能保持学习、实训场地整洁	
6	团结协作情况	

参与评价的同学签名：＿＿＿＿＿＿＿＿　　　＿＿年＿＿月＿＿日

3. 教师评价

＿＿＿＿＿＿＿＿＿＿＿＿＿＿＿＿＿＿＿＿＿＿＿＿＿＿＿＿＿＿＿＿＿＿＿。

签名：＿＿＿＿＿＿＿＿　　　　　　　　　　＿＿年＿＿月＿＿日

五、技能考核标准

考核的方式建议用每个人独立完成学习领域中的实训任务，培养学生独立自主完成任务的能力。实训任务综合性较强，可以根据学生完成实训任务的情况评价整个学习领域的学习效果。表 18-2 为技能考核标准表。

技能考核标准表　　　　　　　　　　　表 18-2

序号	项目	操作内容	规定分	评分标准	得分
1	玻璃单独破碎事故的查勘与定损	记录车辆铭牌信息	5 分	记录信息是否全面，缺少一个信息扣 2 分	
2		防护用品安装情况	10 分	是否正确安装"三件套"、车轮挡块，少安装一个扣 5 分	
3		查验客户相关证件是否齐全	15 分	驾驶证、行驶证、保险单（电子保单），每少一个扣 5 分	

项目五 特殊车险事故查勘与定损

续上表

序号	项目	操作内容	规定分	评分标准	得分
4	玻璃单独破碎事故的查勘与定损	玻璃单独破碎事故车辆现场	20分	对玻璃单独破碎事故车辆被盗情况进行表述,每少一点扣5分	
5		玻璃单独破碎事故车辆查勘步骤	20分	对玻璃单独破碎事故车辆现场查勘重点取证拍照等,每少一项扣5分	
6		判断玻璃单独破碎车辆是否属于保险责任	10分	根据所学知识判断是否属于保险责任,正确得10分	
7		玻璃单独破碎车辆定损步骤	15分	对玻璃单独破碎车辆车主提供的所有资料进行审核,正确得10分	
8		复位	5分	恢复车辆和场地,注意"5S"、安全	
		总分	100分		

学习任务19　盗抢事故的查勘与定损

学习目标

☆**知识目标**

1. 掌握盗抢事故现场查勘的基本流程;
2. 掌握盗抢现场事故调查的基本法;
3. 掌握盗抢车辆的基本定损方法等。

☆**技能目标**

1. 能完成盗抢事故车辆现场查勘的基本流程;
2. 能完成盗抢事故车辆的基本定损流程分析。

☆ 课程思政目标

1. 培养创新能力；
2. 树立全心全意为客户服务的意识，发扬真、善、美的传统美德。

建议课时

4 课时。

任务描述

小李同学于 2020 年 12 月 24 日 11 时 15 分左右将车停在某菜市场旁的停车场（停车场不收费）后去买菜，回来取车时（时间为 11 时 30 分左右）发现车辆不见了。你作为保险公司专业人员如何处理？

一、理论知识准备

由于私家车数量激增，而配套设施、管理等工作发展相对迟缓，加之车主防范意识不足，盗抢机动车的案件逐年增加。车窗玻璃被砸失财、行李舱遭撬盗、停放的车辆"不翼而飞"等案件屡有发生。

（一）盗抢事故的车辆查勘

查勘时要详细了解车辆停放地点、周边环境、负责管理的部门、是否有车辆出入停车场记录凭证，并复印相关资料；有摄像记录的停车场应调出相关影像资料，同时详细了解出险原因、被盗抢经过、是否租借或从事运营、车上防盗设施配备、车辆平常使用人、经常使用地点、钥匙及行驶证保管、周边治安、停车场管理责任等情况。如发现有利于案件侦破的线索，应及时通知公安部门，以便于案件侦破。此类案件必须做详细笔录，并要求当事人签名确认。

对于涉及全车盗抢的事故，向被保险人或当事人发放"机动车辆出险（盗抢）证明""机动车辆保险权益转让书"，并告知其提供保险单、《机动车行驶证》《机动车登记证书》、机动车来历凭证、车辆购置税完税证明（车辆购置附加费缴费证明）或免税证明、车辆停驶手续及出险地县级以上公安刑侦部门出具的盗抢立案证明。明确说明未能提供车辆停驶手续或出险地县级以上公安刑侦部门出具的盗抢立案证明的，不予赔付。

机动车来历凭证有如下几种：

（1）在国内购买的机动车，其来历凭证是全国统一的机动车销售发票或者旧机动车交易发票;在国外购买的机动车,其来历凭证是该车销售单位开具的销售发票。

(2)经人民法院调解、裁定或者判决所有权转移的机动车,其来历凭证是人民法院出具的已经生效的《调解书》《裁定书》或者《判决书》以及相应的《协助执行通知书》。

(3)仲裁机构仲裁裁决所有权转移的机动车,其来历凭证是《仲裁裁决书》和人民法院出具的《协助执行通知书》。

(4)继承、赠予、协议抵偿债务的机动车,其来历凭证是继承、赠予、协议抵偿债务的相关文书和公证机关出具的《公证书》。

(5)资产重组或者资产整体买卖中包含的机动车,其来历凭证是资产主管部门的批准文件。

(6)国家机关统一采购并调拨到下属单位未注册登记的机动车,其来历凭证是全国统一的机动车销售发票和该部门出具的调拨证明。

(7)国家机关已注册登记并调拨到下属单位的机动车,其来历凭证是该部门出具的调拨证明。

(8)更换发动机、车身、车架的来历凭证,是销售单位开具的发票或者修理单位开具的发票。

(二)车损险关于车辆被盗条款的解读

1. 保险责任

(1)保险车辆被盗窃、抢劫、抢夺,经出险当地县级以上公安刑侦部门立案证明,满60天未查明下落的全车损失。

(2)保险车辆全车被盗窃、抢劫、抢夺后,受到损坏或车上零部件、附属设备丢失需要修复的合理费用。

(3)保险车辆在被抢劫、抢夺过程中,受到损坏需要修复的合理费用。

2. 赔偿处理

(1)出险通知。被保险人知道保险车辆被盗窃、抢劫、抢夺后,应在24h内向出险当地公安刑侦部门报案,并通知保险人。

(2)提供单证。被保险人索赔时,须提供保险单、《机动车行驶证》《机动车登记证书》、机动车来历凭证、车辆购置税完税证明(车辆购置附加费缴费证明)或免税证明、车辆停驶手续以及出险当地县级以上公安刑侦部门出具的盗抢立案证明。

(3) 损失赔付。全车损失按照保险金额计算赔偿,保险车辆全车被盗窃、抢劫、被抢夺过程中及其以后发生事故造成保险车辆附属设备丢失或损失需要修复的合理费用,在保险金额内按实际修复费用计算赔偿。

(4) 失窃车找回。保险车辆全车被盗窃、抢劫、抢夺后被找回的,保险人尚未支付赔款的,车辆应归还被保险人;保险人已支付赔款的,车辆应归还被保险人,被保险人应将赔款返还给保险人;被保险人不同意收回车辆的,车辆的所有权归保险人,被保险人应协助保险人办理有关手续。

(三)汽车盗抢后的理赔

汽车被盗抢后,如果投保了车损险,可以在经济方面获得保险公司的部分赔付。无论是车主还是保险公司的查勘理赔人员,都需要在熟知车损险条款的基础上,了解保险公司关于盗抢险的理赔流程,以便有的放矢地去索赔、查勘、赔付。

1. 车主理赔流程

(1) 车辆被盗抢后,应如实向警察和保险公司告知丢车日期、时间、地点、车内财物、行驶里程数、报案时间。

(2) 如60天内未追回,保户即可向保险公司索赔。索赔时须提供保险单、公安部门出具的案件证明、行驶证、购车原始发票、购置费凭证、《机动车辆停驶凭证》收据等必要单证。

(3) 获赔后,若车辆找回,保险公司可将车辆折旧给保险人,并收回赔款。如保险人不愿意,则车辆所有权归保险公司。

(4) 如保险人自公安机关出具被盗抢证明之日起60天内不提交上述单证,保险公司即视为保险人自愿放弃权益。

2. 索赔时必带物件

(1) 出险通知书:由保险公司提供,保险人填写。若是公车,须盖章;若是私车,则必须签字。

(2) 保险单原件。

(3) 《机动车行驶证》原件。

(4) 购车发票原件。

(5) 购置费缴费凭证和收据原件。

(6)权益转让书:由保险公司提供。公车须盖章,私车须签字。

(7)机动车丢失证明原件:由公安局提供。

(8)汽车钥匙。

(9)机动车停驶证明:由交通局提供。

(10)车主证件:车主是单位的需营业执照或介绍信,是个人的需身份证。

(11)赔款结算单:保险公司提供。公车须盖章,私车须签字。

二、任务实施

1.准备工作

(1)将实训车辆停放在实训工位。

(2)准备相关工具、"三件套"等。

(3)检查实训室通风系统设备、举升设备等工作是否正常。

2.技术要求与注意事项

(1)车体周正、车体外缘左右对称部位高度差不得大于40cm。

(2)在进行油、水液位检查时,一定要可靠平稳停靠车辆。

3.操作步骤

(1)与客户交流,记录车辆信息和建立联系。

(2)安装车辆防护用具。安装好座椅套、转向盘套、变速器操纵杆套、脚垫,确认驻车制动可靠实施,车辆挡块可靠安放。

(3)查验客户"三证"是否齐全。

(4)盗抢车辆赔案的现场查勘和调查取证十分关键,不论第一现场是否有痕迹,必须到事发地查勘拍照(图19-1),到有关部门(如公安派出所、刑警队等)调查并尽可能取得依据。了解出险、报案情况,以及设法了解被保险人财务状况、最近动态,是否存在法律、经济纠纷等,根据调查保险车辆平时的使用、借用、停放、维修情况,调查车辆的防盗装置、固定停放场所。

(5)要对车辆的来历进行调查,是一手车还是二手车、三手车,车辆是否经过改装。车辆购买价是多少,实际价值又是多少,参照保险金额是否有超额投保情况等。

图19-1 被盗车辆现场

(6) 要和被保险人及驾驶人正面接触,详细询问有关情况,制作询问笔录(盗抢询问笔录基本内容见),请当事人确认、签字、按指印,以示真实负责。

(7) 在发生盗抢的地点,进行现场查勘、拍照,找有关当事人(如保安、目击者等)询问并记录发案的详细情形,尽可能动员请他们签字作证。重点检查现场有无盗车痕迹,有无遗留作案工具,调查报案人所言自相矛盾之处,如停车地周围环境、当时的天气、时空等有无可疑之处。

(8) 对于在收费停车地被盗的车辆,要取得停车证明材料和停车费收据,保留向停车地物业管部门追偿的权利,并取得停车地管理人员的有关书面材料。

(9) 根据需要对被盗车钥匙进行鉴定,判明是否为后配的钥匙,同时调查被盗车驾驶人和其他车钥匙拥有者的情况。另外调查对被盗车辆进行过维护的汽修厂的有关情况,查明最后一次修车与丢车在时空上有无关联。

(10) 对盗抢案件,在后期的侦破过程中应主动和当地公安刑侦部门联系,并积极协助侦破。

三、学习拓展

索赔时提供的资料

被保险人向本公司索赔时,须提供以下材料:

(1) 保险单、全套车钥匙。

(2) 被保险人的有效身份证明;被保险人与车主不一致的,应提供被保险人与车主关系证明。

(3) 驾驶人驾驶证、机动车登记证书、机动车行驶证、购车发票等机动车来历证明、车辆购置税完税证明或者免税凭证、车钥匙。

(4) 报案回执、案件未侦破及车辆未寻回证明等报停证明(在市级报纸登报)。

(5) 车辆管理所已根据刑侦部门提供的情况,在其计算机登记系统内记录,并停止办理保险车辆各项登记的证明。

(6) 其他能够确认保险事故的性质、原因、损失程度等有关的证明和资料。

四、评价与反馈

1. 自我评价

(1) 通过本学习任务的学习,你是否已经知道以下问题的答案?
① 在盗抢事故车辆查勘时应注意哪些问题?

②在盗抢事故车辆定损中应该注意哪些问题？

_____。

(2)在盗抢事故车辆查勘中包括哪几大步骤？

_____。

(3)实训过程完成情况如何？

_____。

(4)通过本学习任务的学习，你认为自己的知识和技能还有哪些欠缺？

_____。

签名：_____　　　　　　　　　___年___月___日

2. 小组评价

表 19-1 为技能评价表。

技能评价表　　　　　　　　表 19-1

序号	评价项目	评价情况
1	着装是否符合要求	
2	是否能合理规范地使用仪器和设备	
3	是否能按照安全和规范的流程操作	
4	是否能遵守学习、实训场地的规章制度	
5	是否能保持学习、实训场地整洁	
6	团结协作情况	

参与评价的同学签名：_____　　___年___月___日

3. 教师评价

_____。

签名：_____　　　　　　　　　___年___月___日

五、技能考核标准

考核的方式建议用每个人独立完成学习领域中的实训任务，培养学生独立自主完成任务的能力。实训任务综合性较强，可以根据学生完成实训任务的情况评价整个学习领域的学习效果。表 19-2 为技能考核标准表。

技能考核标准表 表 19-2

序号	项目	操作内容	规定分	评分标准	得分
1	盗抢事故的查勘与定损	记录车辆铭牌信息	5分	记录信息是否全面，缺少一个信息扣2分	
2		防护用品安装情况	10分	是否正确安装"三件套"、车轮挡块，每少安装一个扣5分	
3		查验客户相关证件是否齐全	15分	驾驶证、行驶证、保险单（电子保单），每少一个扣5分	
4		盗抢事故车辆被盗的现场	20分	对盗抢事故车辆被盗情况进行表述，每少一项扣5分	
5		盗抢事故车辆查勘步骤	20分	对盗抢车辆现场查勘重点取证拍照等，每少一项扣5分	
6		判断被盗抢车辆是否属于保险责任	10分	根据所学知识判断是否属于保险责任，正确得10分	
7		盗抢车辆定损步骤	15分	对被盗抢车辆车主提供的所有资料进行审核，正确得15分	
8		复位	5分	恢复车辆和场地，注意"5S"、安全	
		总分	100分		

项目六　车险赔偿处理

学习任务20　交强险赔款理算

学习目标

☆**知识目标**

1. 掌握交强险理算流程；
2. 掌握交强险理算原则。

☆**技能目标**

1. 能够分析交强险理赔案例；
2. 能够完成交强险赔款理算。

☆**课程思政目标**

1. 能够运用逻辑思维，增强问题思考和分析能力；
2. 培养严谨细致的工作作风。

建议课时

2课时。

任务描述

徐某驾驶车辆在高速公路上行驶，由于疏忽大意采取措施不当撞伤行人，致使本车全部受损，交警判定行人全责，本车无责。其车辆投保了交强险，行人受伤花费医药费8000元，伤残赔偿金45000元。请你完成本案理算。

一、理论知识准备

赔款理算是车险理赔工作的重要环节，是车险理算工作人员审核被保险人提供的有关单证无误后，根据相关法律法规、保险条款、事故证明等确定事故保险责任及赔偿比例计算汽车保险赔款、缮制赔款计算书的过程。

(一)交强险赔款理算基础

交强险实施后，赔偿的原则是由交强险先进行赔付，不足的部分再由商业车险来补充，因此交强险的赔款理算将影响商业车险的赔款理算。交强险的责任限额分死亡伤残赔偿限额、医疗费用赔偿限额、财产损失赔偿限额，同时又设定了无责任赔偿限额，所以其赔款理算比较烦琐。

1. 交强险赔偿的责任承担方式

在中华人民共和国境内（不含香港、澳门、台湾地区），被保险人在使用被保险机动车过程中发生交通事故，致使受害人遭受人身伤亡或者财产损失，依法应当由被保险人承担的损害赔偿责任，保险人按照交强险合同的约定对每次事故在下列赔偿限额内负责赔偿：死亡伤残赔偿限额为180000元；医疗费用赔偿限额为18000元；财产损失赔偿限额为2000元；被保险人无责任时，无责任死亡伤残赔偿限额为18000元；无责任医疗费用赔偿限额为1800元；无责任财产损失赔偿限额为100元。

死亡伤残赔偿限额和无责任死亡伤残赔偿限额项下负责赔偿丧葬费、死亡补偿费、受害人亲属办理丧葬事宜支出的交通费用、残疾赔偿金、残疾辅助器具费、护理费、康复费、交通费、被扶养人生活费、住宿费、误工费，被保险人依照法院判决或者调解承担的精神损害抚慰金。

医疗费用赔偿限额和无责任医疗费用赔偿限额项下负责赔偿医药费、诊疗费、住院费、住院伙食补助费，必要的、合理的后续治疗费、整容费、营养费。

交强险采用二分法将责任区分为有责和无责，按不同的责任限额进行赔偿。这与商业车险按照全部责任、主要责任、同等责任和次要责任等具体的责任比例来计算赔偿是不同的。

2. 交强险理算公式

1）基本计算公式

保险人在交强险各分项赔偿限额内，对受害人死亡伤残费用、医疗费用、财产损失分别计算赔偿：

总赔款 = ∑各分项损失赔款 = 死亡伤残费用赔款 + 医疗费用赔款 + 财产损失赔款

各分项损失赔款 = 各分项核定损失承担金额

即：

死亡伤残费用赔款 = 死亡伤残费用核定承担金额

医疗费用赔款 = 医疗费用核定承担金额

财产损失赔款 = 财产损失核定承担金额

各分项核定损失承担金额超过交强险各分项赔偿限额的,各分项损失赔款为交强险各分项赔偿限额。

2)保险事故涉及多个受害人的计算公式

各分项损失赔款 = ∑各受害人各分项核定损失承担金额

即:

死亡伤残费用赔款 = ∑各受害人死亡伤残费用核定承担金额

医疗费用赔款 = ∑各受害人医疗费用核定承担金额

财产损失赔款 = ∑各受害人财产损失核定承担金额

各受害人各分项核定损失承担金额之和超过被保险机动车交强险相应分项赔偿限额的,各分项损失赔款为交强险各分项赔偿限额。

各受害人各分项核定损失承担金额之和超过被保险机动车交强险相应分项赔偿限额的,各受害人在被保险机动车交强险分项赔偿限额内应得到的赔偿为:

被保险机动车交强险对某一受害人分项损失的赔偿金额 = 交强险分项赔偿限额 × [事故中某一受害人的分项核定损失承担金额/(∑各受害人分项核定损失承担金额)]

3)保险事故涉及多辆肇事机动车的计算公式

(1)各被保险机动车的保险人分别在各自的交强险各分项赔偿限额内,对受害人的分项损失计算赔偿。

(2)各方机动车按其适用的交强险分项赔偿限额占总分项赔偿限额的比例,对受害人的各分项损失进行分摊。

某分项核定损失承担金额 = 该分项损失金额 × [适用的交强险该分项赔偿限额/(∑各致害方交强险该分项赔偿限额)]

(3)肇事机动车均有责任或均无责任的,简化为各方机动车对受害人的各分项损失进行平均分摊。

①受害人的机动车、机动车上人员、机动车上的财产损失:

某分项核定损失承担金额 = 受害人的该分项损失金额 ÷ $(N-1)$

②受害人的非机动车、非机动车上人员、行人、机动车外财产损失:

某分项核定损失承担金额 = 受害人的该分项损失金额 ÷ N

注:N 为事故中所有肇事机动车数量。

肇事机动车中有应投保而未投保交强险的车辆的,视同投保机动车计算。

初次计算后,如果有致害方交强险限额未赔足,同时有受害方损失没有得到充分补偿,则对受害方的损失在交强险剩余限额内再次进行分配,在交强险限额内补足。对于待分配的各项损失合计没有超过剩余赔偿限额的,按分配结果赔付各方;超过剩余赔偿限额的,则按每项分配金额占各项分配金额总和的比例乘以剩余赔偿限额分摊,直至受损各方均得到足额赔偿或应赔付方交强险无剩余限额。

(二) 交强险理算标准处理机制

1. 均投保了交强险的两辆或多辆机动车互碰,不涉及车外财产损失和人员伤亡

1) 两辆机动车互碰,两车均有责

双方机动车交强险均在交强险财产损失赔偿限额内,按实际损失承担对方机动车的损害赔偿责任。

【例1】 A、B两车互碰,各负同等责任。A车损失3500元,B车损失3200元,则两车交强险赔付结果为:

A车保险公司在交强险项下赔偿B车损失2000元;B车保险公司在交强险项下赔偿A车损失2000元。

对于A车剩余的1500元损失,按商业险条款规定,根据责任比例在商业车险项下赔偿。即如A车投保了车损险、B车投保了商业三者险,则在B车的商业三者险项下赔偿750元,在A车的车损险项下赔偿750元。

2) 两辆机动车互碰,一方全责、一方无责

无责方机动车交强险在无责任财产损失赔偿限额内承担全责方机动车的损害赔偿责任,全责方机动车交强险在财产损失赔偿限额内承担无责方机动车的损害赔偿责任。无责方车辆对全责方车辆损失应承担的赔偿金额,由全责方在本方交强险无责任财产损失赔偿限额项下代赔。

【例2】 A、B两车互碰造成双方车损,A车全责(损失1000元),B车无责(损失1500元)。设B车适用的交强险无责任赔偿限额为100元,则两车交强险赔付结果为:

A车交强险赔付B车1500元,B车交强险赔付A车100元。B车对A车损失应承担的100元赔偿金额,由A车保险公司在本方交强险无责任财产损失赔偿限额项下代赔。

3) 多辆机动车互碰,部分有责(含全责)、部分无责

(1) 一方全责,多方无责。

所有无责方视为一个整体,在各自交强险无责任财产损失赔偿限额内,对全

责方车辆损失按平均分摊的方式承担损害赔偿责任;全责方对各无责方在交强险财产损失赔偿限额内承担损害赔偿责任,无责方之间不互相赔偿。无责方车辆对全责方车辆损失应承担的赔偿金额,由全责方在本方交强险相应无责任财产损失赔偿限额内代赔。

【例3】 A、B、C三车互碰造成三方车损,A车全责(损失600元),B车无责(损失600元),C车无责(损失800元)。设B、C车适用的交强险无责任赔偿限额为100元,则赔付结果为:A车交强险赔付B车600元、赔付C车800元、B车、C车交强险分别赔付A车100元,共赔付200元。由A车保险公司在本方交强险两个无责任财产损失赔偿限额内代赔。

(2)多方有责,一方或多方无责。

所有无责方视为一个整体,在各自交强险无责任财产损失赔偿限额内,对有责方损失按平均分摊的方式承担损害赔偿责任;有责方对各方车辆损失在交强险财产损失赔偿限额内承担损害赔偿责任,无责方之间不互相赔偿。无责方车辆对有责方车辆损失应承担的赔偿金额,由各有责方在本方交强险无责任财产损失赔偿限额内代赔。

多方有责、一方无责的,无责方对各有责方车辆损失应承担的赔偿金额以交强险无责任财产损失赔偿限额为限,在各有责方车辆之间平均分配。

多方有责、多方无责的,无责方对各有责方车辆损失应承担的赔偿金额以各无责方交强险无责任财产损失赔偿限额之和为限,在各有责方车辆之间平均分配。

【例4】 A、B、C、D四车互碰造成各方车损,A车主责(损失1000元),B车次责(损失600元),C车无责(损失800元)、D车无责(损失500元)。设C、D两车适用的交强险无责任赔偿限额为100元,则赔付结果为:

C车、D车交强险共应赔付200元,对A车、B车各赔偿(100+100)/2=100元,由A车、B车保险公司在本方交强险无责任财产损失赔偿限额内代赔。

A车交强险赔偿金额=B车损核定承担金额+C车损核定承担金额+D车损核定承担金额=(600-100)+800/2+500/2=1150元。

B车交强险赔偿金额=A车损核定承担金额+C车损核定承担金额+D车损核定承担金额=(1000-100)+800/2+500/2=1550元。

2.均投保了交强险的两辆或多辆机动车互碰,涉及车外财产损失

有责方在其适用的交强险财产损失赔偿限额内,对各方车辆损失和车外财产损失承担相应的损害赔偿责任。

所有无责方视为一个整体,在各自交强险无责任财产损失赔偿限额内,对有责方损失按平均分摊的方式承担损害赔偿责任。无责方之间不互相赔偿,无责方也不对车外财产损失进行赔偿。

无责方车辆对有责方车辆损失应承担的赔偿金额,由各有责方在本方交强险无责任财产损失赔偿限额内代赔。

【例5】 A、B、C三车互碰造成三方车损,A车主责(损失600元),B车无责(损失500元),C车次责(损失300元),车外财产损失400元。则A车、B车、C车的交强险赔付计算结果为:

先计算出无责方对有责方的赔款 B 车交强险应赔付 A 车、C 车各 $100/2=50$ 元。由 A 车、C 车在各自交强险无责任财产损失赔偿限额内代赔。

有责方再对车外财产、各方车损进行分摊 A 车交强险赔款 $=(500+400)/2+(300-50)=700$ 元 C 车交强险赔款 $=(500+400)/2+(600-50)=1000$ 元。

计算有责方交强险和代赔款之和 A 车交强险赔款 + 代赔款 $=700+50=750$ 元。

C 车交强险赔款 + 代赔款 $=1000+50=1050$ 元。

3. 均投保了交强险的两辆或多辆机动车发生事故,造成人员伤亡

(1)肇事机动车均有责且适用相同责任限额的,各机动车按平均分摊的方式,在各自交强险分项赔偿限额内计算赔偿。

【例6】 A、B两机动车发生交通事故,两车均有事故责任,A、B 车损分别为 2000 元、5000 元,B 车车上人员医疗费用 7000 元,死亡伤残费用 6 万元,另造成路产损失 1000 元。则 A 车交强险初次赔付计算结果为:

①B 车车上人员死亡伤残费用核定承担金额 $=60000/(2-1)=60000$ 元。

②B 车车上人员医疗费用核定承担金额 $=7000/(2-1)=7000$ 元。

③财产损失核定承担金额 $=1000/2+5000/(2-1)=5500$ 元(超过财产损失赔偿限额,按限额赔偿,赔偿金额为 2000 元)。

A 车交强险赔偿金额 $=60000+7000+2000=69000$ 元。其中,A 车交强险对 B 车损的赔款 $=2000\times[5000/(500+5000)]=1818.18$ 元;A 车交强险对路产损失的赔款 $=2000\times[500/(500+5000)]=181.82$ 元。

(2)肇事机动车中有部分适用无责任赔偿限额的,按各机动车交强险赔偿限额占总赔偿限额的比例,在各自交强险分项赔偿限额内计算赔偿。

【例7】 A、B、C 三车发生交通事故,造成第三方人员甲受伤,A、B 两车各负 50% 的事故责任,C 车和受害人甲无事故责任,受害人支出医疗费用 4500 元。设

适用的交强险医疗费用赔偿限额为18000元,交强险无责任医疗费用赔偿限额为1800元,则A、B、C三车对受害人甲应承担的赔偿金额分别为:

A车交强险医疗费用赔款 = 4500 × [18000/(18000 + 18000 + 1800)] = 2142.86元。

B车交强险医疗费用赔款 = 4500 × [18000/(18000 + 18000 + 1800)] = 2142.86元。

C车交强险医疗费用赔款 = 4500 × [1800/(18000 + 18000 + 1800)] = 214.28元。

支付、垫付抢救费金额参照以上方式计算。

(三)无责财产赔付简化处理机制

1. 适用条件

同时满足以下条件的双方或多方事故,适用无责财产赔付简化处理机制:

(1)两方或多方机动车互碰,各方均投保交强险;

(2)交警认定或根据法律法规能够协商确定事故责任,部分有责、部分无责;

(3)无责方车号、交强险保险人明确。

2. 基本原则

(1)无责代赔仅适用于车辆损失部分的赔偿,对于人员伤亡部分不进行代赔。

(2)对于应由无责方交强险承担的对有责方车辆损失的赔偿责任,由有责方承保公司在单独的交强险无责任财产损失代赔偿限额内代赔。代赔偿限额为无责方交强险无责任财产损失赔偿限额之和,在各有责方之间平均分配。

(3)各保险公司之间对代赔金额进行分类统计,但不进行清算。

(4)有责方代赔的部分不影响交强险费率浮动。

(5)各无责方车辆不参与对其他无责车辆和车外财产损失的赔偿计算。

3. 基本流程

(1)出险后,由有责方向其承保公司报案,无责方不必向其承保公司报案。

保险公司接报案时,应提醒客户注意记录对方车牌号、被保险人名称、驾驶证号码、联系方式、交强险保险公司等信息。

当事人根据法律法规自行协商处理事故或要求自行协商处理的,应指导客户填写《机动车交通事故快速处理协议书》。

(2)原则上由有责方保险公司对双方车辆进行查勘、定损,拍摄事故照片,出具查勘报告、定损单,查勘报告和定损单应由当事人签字确认。

（3）对于本应由无责方交强险承担的对有责方车损的赔偿责任，由有责方承保公司在本方交强险无责任财产损失代赔偿限额内代为赔偿。

有责方交强险项下合计赔款为：

①有责方交强险赔款＝其他有责方车损核定承担金额＋无责方车损核定承担金额＋车外财产损失核定承担金额（≤2000元）。

②有责方保险公司无责代赔部分＝有责方车损（≤无责方车辆数×无责任财产损失赔偿限额/有责方车辆数）。

③有责方保险公司交强险合计赔款＝①＋②。

（4）为准确统计无责代赔数量和金额，有责方保险公司应对代赔款项加注"无责代赔"标识，并在查勘报告、业务系统中记录无责方车号、保险公司名称。

（5）有责方保险公司代赔后，应将无责方车号、代赔金额等有关数据上传至交强险信息平台。

4. 注意事项

（1）当事人协商确定事故责任的，保险公司有权通过查勘、比对等方式，对事故原因和协商结果进行核实。

（2）满足无责代赔条件，无责方已经支付赔款，并向己方保险公司索赔的，应提供付款证明或有责方保险公司未代赔的证明材料。

（3）对于人员伤亡损失，有责方保险公司原则上不予代赔，仍应由无责方被保险人或其授权委托人向其承保公司索赔。

对于不符合无责代赔条件，仍需无责方自行向其承保公司索赔的，应及时告知双方当事人。

（四）特殊情况处理

1. 一方投保交强险，一方仅投保商业险或无保险的机动车发生事故

（1）一方机动车投保交强险，另一方仅投保商业险。

依照《机动车交通事故责任强制保险条例》，军队、武警机动车参加交强险的办法由中国人民解放军、中国人民武装警察部队另行规定。在相关规定出台前，对于仅投保商业三者险的军队、武警机动车，与投保交强险的车辆互碰，按以下方式计算赔偿：

①对于军队、武警车辆，按照其所投保商业险条款和特别约定的规定计算赔偿。

②对于与军队、武警车辆碰撞的车辆,在计算其车损险赔款时,根据损失补偿原则,不扣除对方交强险应赔偿部分。

③两车同时碰撞车外财产或行人,按照事故责任比例,承保交强险的在交强险限额内承担受害人的损失,承保原商业三者险的在商业险限额内按条款规定承担受害人的损失。

【例8】 A、B共同造成车外财产C的损失,A主责,B次责,C损失5000元。交警调解确定A承担60%的损失,B承担40%的损失,A投保了交强险,B为军队车辆,未投保交强险。则A交强险对C的赔偿金额应为:5000×60% = 3000元 > 2000元(交强险财产损失赔偿限额)。

因此,A交强险对C的赔偿金额为2000元。

(2)一方机动车投保交强险,另一方无保险。

2006年10月1日以后发生保险车辆与应投保而未投保交强险的机动车碰撞的事故,所有无保险的机动车均视同投保交强险参与赔款计算。

①原则上认为无保险车辆应该承担相当于交强险的赔偿责任。在计算本方车损赔款时,应当扣除对方相当于交强险的赔偿金额。

②本车损失确实不能得到对方相当于交强险赔偿(如已按交警调解结果履行赔偿责任,或法院判决未要求对方承担相当于交强险的赔偿责任)时,可由本方交强险先行代为赔付。

对方无责事故,保险公司可先行在另一个交强险无责任赔偿限额内赔付全责方的本车车损和车上人员伤亡损失(道路交通事故社会救助基金成立后,由基金垫付的抢救费部分应予扣除)。

对方有责,保险公司可先行在另一个交强险赔偿限额内赔付本车车损和车上人员伤亡损失。

③为准确统计代赔数量和金额,应对代赔款项加注"无保险代赔"标识,代赔部分在另一个交强险限额内列支。

④保险公司代赔后应要求被保险人签具权益转让书,有转让追偿的权利。

⑤应注意防范无保险车辆惧怕罚款,已私下向被保险车辆支付赔款,被保险人又向保险公司重复索赔的情况。

2. 关于挂靠同一单位的机动车互碰的赔偿方式

对于被保险人(营业性车队、挂靠单位等)为同一人,但投保人(所有人)为不同自然人的机动车互碰,可按互为三者的原则,由各方机动车交强险在其分项赔偿限额内,按实际损失承担对方机动车(车辆、车上人员、车上财产)的损害赔偿责任。

此种处理方式仅适用于投保人在投保时如实向保险人告知了车辆属于挂靠的情况,并且在保险合同中明确体现。如果在保单中体现为投保人完全相同(即不能体现出实际的所有人),则将视互碰的各车为同一被保险人所有,不能在交强险项下进行赔偿。

3. 交警调解各方机动车承担本方车辆损失

当地行业协会有相关规定的,按行业协会相关规定处理。行业协会没有相关规定的,按以下方式处理:

(1)能够找到事故对方机动车并勘验损失的,对事故对方车辆损失在本方交强险赔偿限额内计算赔偿,超过限额部分在商业车险项下按过错责任比例计算赔偿。

【例9】 A、B两车互碰,各负同等责任。A车损失3500元,B车损失3200元,交警调解结果为各自修理本方车辆。在能够勘验双方车辆损失的情况下,A车保险公司在交强险项下赔偿B车损失2000元;B车保险公司在交强险项下赔偿A车损失2000元。对于A车剩余的1500元损失,如A车投保了车损险、B车投保了商业三责险,则可以在B车的商业三责险项下赔偿750元,在A车的车损险项下赔偿750元。

(2)事故对方已无法找到并勘验损失,被保险机动车无法得到对方赔偿的,可对被保险机动车的车辆损失在本方机动车交强险赔偿限额内计算赔偿,超过限额部分在本方机动车商业车损险项下按条款规定计算赔偿。

【例10】 A、B两车互碰,各负同等责任。A车损失3500元,B车损失3200元。交警调解结果为各自修理本方车辆。在无法找到B车勘验损失的情况下,A车保险公司可在交强险项下赔偿A车损失2000元。对于A车的剩余的1500元损失,如A车投保了车损险,则在A车的车损险项下按条款规定计算赔偿。

(五)理算程序

(1)确定哪些损失属于本方机动车交强险受害人的损失。

(2)判断是否满足无责代赔处理机制,如满足,按简化方式计算;如不满足则进入以下步骤。

(3)确定本方机动车交强险项下的分项核定损失承担金额。根据肇事机动车的分项赔偿限额占总分项赔偿限额的比例分摊,各方机动车适用限额一致的,按平均分摊的方式计算。

(4)对于分项核定损失承担金额没有超过交强险赔偿限额的,按分摊结果赔付;分项核定损失承担金额超过交强险赔偿限额的,在交强险限额内,按受害人分项核定损失承担金额占总分项核定损失承担金额的比例分摊。

(5)判断交强险限额是否用足,若有受害方没有得到全额赔付,同时又有需赔付方交强险限额未用足,则在交强险限额内补足。对于待分配的各项损失合计没有超过剩余赔偿限额的,按分配结果赔付各方;超过剩余赔偿限额的,则按每项分配金额占各项分配金额总和的比例乘以剩余赔偿限额分摊,直至受损各方均得到足额赔偿或应赔付方交强险无剩余限额。

二、任务实施

1. 准备工作

(1)车险事故理赔案例素材准备;

(2)工单准备。

2. 技术要求与注意事项

(1)按步骤完成交强险赔款理算;

(2)按要求填写工单,要素齐全。

3. 操作步骤

(1)展示车险事故理赔案例;

(2)审核单证;

(3)判断保险责任;

(4)完成车险案例的交强险赔款理算;

(5)赔款计算书复核;

(6)各组派代表展示分析成果;

(7)教师分析、归纳、总结。

三、学习拓展

(一)互碰自赔

"互碰自赔",即当机动车之间发生轻微互碰的交通事故时,如果满足一定条件,各方车主可以直接到自己的保险公司办理索赔手续,无须再往返奔波于对方保险公司。"互碰自赔"机制限定在交强险的理赔范围之内。

1. 适用条件

（1）投保交强险而且未到期的两车或多车互碰。

（2）仅涉及车辆损失（包括车上财产和车上货物）、不涉及人员伤亡和车外财产损失，各方损失金额均在2000元以内。

（3）由交警认定或当事人根据出险地关于交通事故快速处理的法律法规自行协商确定各方均有责任（包括同等责任、主次责任）。

（4）当事人各方对损失确定没有争议，并同意采用"互碰自赔"方式处理。

2. 注意事项

（1）及时报案。报案时要向保险公司说明出险时间、地点、事故双方当事人、损失情况、责任划分等情况。

（2）遵守出险当地交通事故快速处理的相关规定。

（3）特殊情况及时报警。事故任何一方如果存在无证驾驶、酒后驾驶、没有有效交强险等情况的，请及时通知交警处理。

（二）岗位职责

1. 理算人职责

（1）审核理赔单证是否齐全、真实、有效，初步判断是否属于保险责任。

（2）通过业务系统完成赔案的赔偿计算，并打印赔偿计算书。

（3）对定责定损等需要特别说明的赔案，撰写赔案说明。

（4）对注销、拒赔、追偿等特殊案件，缮制专门的审批单。

（5）迅速、准确完成赔案理算缮制工作，及时将赔案上报核赔人员审批。

2. 核赔人职责

（1）审核赔案的真实性、定责、定损及理算的准确性。

（2）签署核赔意见，按权限审批车险赔案。

（3）对超权限的赔案进行审核并提出处理意见。

（4）审核重大案件、重新理算、诉讼、预付赔款案件。

（5）定期总结赔案审核情况，提出建设性改进意见。

（6）提前介入重大、疑难案件的前期理赔工作，对案件的处理提出合理化建议。

四、评价与反馈

1. 自我评价

(1) 通过本学习任务的学习,你是否已经知道如下问题的答案?

① 什么是无责代赔?

_____。

② 互碰自赔的适用条件有哪些?

_____。

(2) 交强险的理算流程是什么?

_____。

(3) 实训过程完成情况如何?

_____。

(4) 通过本任务的学习,你认为自己的知识和技能还有哪些欠缺?

_____。

签名:_____　　　___年___月___日

2. 小组评价

表20-1 为技能评价表。

技能评价表　　　　表20-1

序号	评价项目	评价情况
1	是否能根据损失进行交强险理算	
2	是否能按照规范完成车险赔款理算书	
3	是否能遵守学习、实训场地的规章制度	
4	是否能保持学习、实训场地整洁	
5	团结协作情况	

参与评价的同学签名:_____　　　___年___月___日

3. 教师评价

_____。

签名:_____　　　___年___月___日

五、技能考核标准

考核的方式建议用每个人独立完成学习领域中的实训任务,培养学生独立

汽车车险查勘与定损

自主完成任务的能力。实训任务综合性较强,可以根据学生完成实训任务的情况评价整个学习领域的学习效果。表 20-2 为技能考核标准表。

技能考核标准表　　　　　　　　　　　　　表 20-2

序号	项目	操作内容	规定分	评分标准	得分
1	交强险赔款理算	单证审核	10 分	完整准确,得分	
2		保险责任判断	10 分	判断正确,得分	
3		确定机动车交强险受害人的损失	10 分	计算正确,得分	
4		判断是否满足无责代赔处理机制	10 分	计算正确,得分	
5		确定交强险项下的分项核定损失承担金额	10 分	计算正确,得分	
6		分项核定损失承担金额超过交强险赔偿限额的交强险赔款理算	25 分	计算正确,得分	
7		结合损失金额,分配剩余赔偿限额	10 分	计算正确,得分	
8		赔款计算书复核	10 分	复核正确,得分	
9		理算任务提交	5 分	正确提交,得分	
		总分	100 分		

学习任务 21　商业车险赔款理算

 学习目标

☆知识目标

1. 掌握商业车险主险理算方法;

2.掌握商业车险附加险理算方法；

3.掌握车险赔款计算书填写要素。

☆**技能目标**

1.能够完成商业车险的理算；

2.缮制车险赔款计算书；

☆**课程思政目标**

1.增强事业心和责任感；

2.培养严谨、缜密、逻辑、科学的思维方法。

建议课时

4课时。

📖 **任务描述**

李某驾驶车辆由于疏忽大意且采取措施不当发生追尾事故，标的车前部受损，三者车后部受损，路边电线杆受损，且撞伤路边骑车人，导致骑车人经抢救无效死亡，标的车、三者车上均有人员受伤。事故发生后报交警处理，经认定标的车负主要责任，三者车负次要责任，骑车人无责任。

标的车投保交强险、车损险、三者险、车上人员责任险。标的车定损金额及项目18000元，三者车定损金额9600元，电线杆损失3000元，三者车伤人员评残、医药费7680元，住院伙食补助260元，后续治疗费6000元，误工费4320元，残疾补偿金11923元；三者车外人死亡，医药费700元，丧葬费12300元，死亡补偿金191180元，被扶养人生活费65231元；标的车驾驶人受伤10000元。请对本次事故进行赔款理算。

一、理论知识准备

(一)机动车损失保险赔款理算

1.赔偿处理

发生保险事故后，保险人依据《中国保险行业协会机动车商业保险示范条款(2020版)》约定，在保险责任范围内承担赔偿责任。赔偿方式由保险人与被保险人协商确定，可采取现金赔付或实物赔付。因保险事故损坏的被保险机动车，修理前被保险人应当会同保险人检验，协商确定维修机构、修理项目、方式和费

用。无法协商确定的,双方委托共同认可的有资质的第三方进行评估。被保险机动车遭受损失后的残余部分由保险人、被保险人协商处理。如折归被保险人的,由双方协商确定其价值并在赔款中扣除。

因第三方对被保险机动车的损害而造成保险事故,被保险人向第三方索赔的,保险人应积极协助;被保险人也可以直接向本保险人索赔,保险人在保险金额内先行赔付被保险人,并在赔偿金额内代位行使被保险人对第三方请求赔偿权利。被保险人已经从第三方取得损害赔偿的,保险人进行赔偿时,相应扣减被保险人从第三方已取得的赔偿金额。保险人未赔偿之前,被保险人放弃对第三方请求赔偿权利的,保险人不承担赔偿责任。被保险人故意或者因重大过失致使保险人不能行使代位请求赔偿的权利的,保险人可以扣减或者要求返还相应的赔款。保险人向被保险人先行赔付的,保险人向第三方行使代位请求赔偿的权利时,被保险人应当向保险人提供必要的文件和所知道的有关情况。

2. 赔款计算

1)全部损失

赔款 = 保险金额 − 被保险人已从第三方获得的赔偿金额 − 绝对免赔额

2)部分损失

被保险机动车发生部分损失,保险人按实际修复费用在保险金额内计算赔偿:

赔款 = 实际修复费用 − 被保险人已从第三方获得的赔偿金额 − 绝对免赔额

3)施救费

施救的财产中,含有本保险合同之外的财产,应按本保险合同保险财产的实际价值占总施救财产的实际价值比例分摊施救费用。

被保险机动车发生本保险事故,导致全部损失,或一次赔款金额与免赔金额之和(不含施救费)达到保险金额,保险人按本保险合同约定支付赔款后,本保险责任终止,保险人不退还机动车损失保险及其附加险的保险费。

(二)机动车第三者责任保险赔款理算

1. 赔偿处理

保险人对被保险人或其允许的驾驶人给第三者造成的损害,可以直接向该第三者赔偿。被保险人或其允许的驾驶人给第三者造成损害,对第三者应负的赔偿责任确定的,根据被保险人的请求,保险人应当直接向该第三者赔偿。被保险人怠于请求的,第三者就其应获赔偿部分直接向保险人请求赔偿的,保险人可以直接向该第三者赔偿。被保险人或其允许的驾驶人给第三者造成损害,未向该第三者赔偿的,保险人不得向被保险人赔偿。

发生保险事故后,保险人依据本条款约定在保险责任范围内承担赔偿责任。赔偿方式由保险人与被保险人协商确定,可采取现金赔付或实物赔付。因保险事故损坏的第三者财产,修理前被保险人应当会同保险人检验,协商确定维修机构、修理项目、方式和费用。无法协商确定的,双方委托共同认可的有资质的第三方进行评估。

保险人依据被保险机动车一方在事故中所负的事故责任比例,承担相应的赔偿责任。被保险人或被保险机动车一方根据有关法律法规选择自行协商或由公安机关交通管理部门处理事故,但未确定事故责任比例的,按照下列规定确定事故责任比例:

(1)被保险机动车一方负主要事故责任的,事故责任比例为70%;
(2)被保险机动车一方负同等事故责任的,事故责任比例为50%;
(3)被保险机动车一方负次要事故责任的,事故责任比例为30%。

涉及司法或仲裁程序的,以法院或仲裁机构最终生效的法律文书为准。

2. 赔款计算

(1)当(依合同约定核定的第三者损失金额 – 机动车交通事故责任强制保险的分项赔偿限额)×事故责任比例等于或高于每次事故责任限额时:

赔款 = 每次事故责任限额

(2)当(依合同约定核定的第三者损失金额 – 机动车交通事故责任强制保险的分项赔偿限额)×事故责任比例低于每次事故责任限额时:

赔款 = (依合同约定核定的第三者损失金额 – 机动车交通事故责任强制保险的分项赔偿限额)×事故责任比例

保险人按照《道路交通事故受伤人员临床诊疗指南》和国家基本医疗保险的同类医疗费用标准核定医疗费用的赔偿金额。未经保险人书面同意,被保险人自行承诺或支付的赔偿金额,保险人有权重新核定。不属于保险人赔偿范围或超出保险人应赔偿金额的,保险人不承担赔偿责任。

(三)车上人员责任险赔款理算

1. 赔偿处理

保险人依据被保险机动车一方在事故中所负的事故责任比例,承担相应的赔偿责任。被保险人或被保险机动车一方根据有关法律法规选择自行协商或由公安机关交通管理部门处理事故,但未确定事故责任比例的,按照下列规定确定事故责任比例:

(1)被保险机动车一方负主要事故责任的,事故责任比例为70%;

(2)被保险机动车一方负同等事故责任的,事故责任比例为50%;

(3)被保险机动车一方负次要事故责任的,事故责任比例为30%。

涉及司法或仲裁程序的,以法院或仲裁机构最终生效的法律文书为准。

保险人按照《道路交通事故受伤人员临床诊疗指南》和国家基本医疗保险的同类医疗费用标准核定医疗费用的赔偿金额。未经保险人书面同意,被保险人自行承诺或支付的赔偿金额,保险人有权重新核定。不属于保险人赔偿范围或超出保险人应赔偿金额的,保险人不承担赔偿责任。

2. 赔款计算

(1)对每座的受害人,当(依合同约定核定的每座车上人员人身伤亡损失金额－应由机动车交通事故责任强制保险赔偿的金额)×事故责任比例高于或等于每次事故每座责任限额时:

赔款=每次事故每座责任限额

(2)对每座的受害人,当(依合同约定核定的每座车上人员人身伤亡损失金额－应由机动车交通事故责任强制保险赔偿的金额)×事故责任比例低于每次事故每座责任限额时:

赔款=(依合同约定核定的每座车上人员人身伤亡损失金额－应由机动车交通事故责任强制保险赔偿的金额)×事故责任比例

(四)附加险赔款理算

1. 附加绝对免赔率特约条款赔款计算

被保险机动车发生主险约定的保险事故,保险人按照主险的约定计算赔款后,扣减附加绝对免赔率特约条款约定的免赔。即:

主险实际赔款=按主险约定计算的赔款×(1－绝对免赔率)

绝对免赔率为5%、10%、15%、20%,由投保人和保险人在投保时协商确定,具体以保险单载明为准。

2. 附加车轮单独损失险赔款计算

发生保险事故后,保险人依据附加车轮单独损失险赔款条款约定在保险责任范围内承担赔偿责任。赔偿方式由保险人与被保险人协商确定,可采取现金赔付或实物赔付。

赔款＝实际修复费用－被保险人已从第三方获得的赔偿金额

在保险期间,累计赔款金额达到保险金额的,本附加险保险责任终止。

3. 附加新增加设备损失险赔款计算

发生保险事故后,保险人依据附加新增加设备损失险赔款条款约定在保险责任范围内承担赔偿责任。赔偿方式由保险人与被保险人协商确定,可采取现金赔付或实物赔付。

赔款＝实际修复费用－被保险人已从第三方获得的赔偿金额

4. 附加车身划痕险赔款计算

发生保险事故后,保险人依据附加车身划痕险赔款条款约定在保险责任范围内承担赔偿责任,赔偿方式由保险人与被保险人协商确定,可采取现金赔付或实物赔付。

赔款＝实际修复费用－被保险人已从第三方获得的赔偿金额

在保险期间,累计赔款金额达到保险金额的,本附加险保险责任终止。

5. 附加修理期间费用补偿险赔款计算

1) 全车损失

赔款＝保险单载明的保险金额

2) 部分损失

赔款＝补偿天数×日补偿金额

补偿天数按从送修之日起至修复之日止的实际天数计算,实际天数超过双方约定修理天数的,以双方约定的修理天数为准。在保险期间,累计赔款金额达到保险单载明的保险金额的,本附加险保险责任终止。

6. 附加发动机除外特约条款赔款计算

在保险期间,投保了本附加险的被保险机动车在使用过程中,因发动机进水后导致的发动机直接损毁,保险人不负责赔偿。

7. 附加车上货物责任险赔款计算

被保险人索赔时,应提供运单、起运地货物价格证明等相关单据。保险人在责任限额内按起运地价格计算赔偿;发生保险事故后,保险人依据本条款约定在保险责任范围内承担赔偿责任,赔偿方式由保险人与被保险人协商确定,可采取现金赔付或实物赔付。

8. 附加精神损害抚慰金责任险赔款计算

本附加险赔偿金额依据生效法律文书或当事人达成且经保险人认可的赔付协议,在保险单所载明的赔偿限额内计算赔偿。

9. 附加医保外用药责任险赔款计算

被保险人索赔时,应提供由具备医疗机构执业许可的医院或药品经营许可的药店出具的、足以证明各项费用赔偿金额的相关单据。保险人根据被保险人实际承担的责任,在保险单载明的责任限额内计算赔偿。

二、任务实施

1. 准备工作

(1)车险事故理赔案例素材准备;

(2)工单准备。

2. 技术要求与注意事项

(1)按步骤完成交强险赔款理算;

(2)按步骤完成商业车险赔款理算;

(3)按要求填写工单,要素齐全。

3. 操作步骤

(1)展示车险事故理赔案例;

(2)审核单证;

(3)判断保险责任;

(4)完成给定案例的交强险赔款理算;

(5)完成给定案例的商业车险赔款理算;

(6)赔款计算书复核;

(7)各组派代表展示分析成果;

(8)教师分析、归纳、总结。

三、学习拓展

(一)保险公司内部"互碰快赔"处理机制

1. 适用条件

(1)事故双方均在保险公司同时投保交强险、车损险、商业第三者责任险的

客户;

(2)事故仅造成双方车辆损失,不涉及人伤、物损;

(3)由交警认定或当事人根据出险地关于交通事故快速处理的法律法规自行协商确定各方均有责任(包括同等责任、主次责任);

(4)当事人各方对损失确定没有争议,并同意采用"互碰快赔"方式处理。

2.处理方式

对于客户而言,无论是有责还是无责/全责,都可享受"互碰快赔"的索赔方式,而对于公司内部则根据一方无责、一方全责和双方均有责分为两种情形进行处理。

1)一方全责、一方无责

事故双方可在全责方保险责任范围内各自定损、修车、办理索赔,无须双方共同办理理赔手续。无责方客户既实现了直接向自己的投保公司索赔,又由于是在全责方保单项下缮制赔案,不会在自身保单项下产生赔付记录,不会因本次索赔影响下一年度的费率浮动。全责方承保公司在本方的车损险及附加不计免赔率险责任范围内赔付本车车辆损失;无责方承保公司可通过权限扩展在全责方公司的交强险、商业第三者责任险及附加不计免赔率险责任范围内赔付本车车辆损失。

2)双方均有责

事故双方可各自找承保公司索赔车辆损失赔款,无须双方共同办理理赔手续,无须进行任何车辆维修款项交割。事故双方承保公司均在各自交强险、车损险及不计免赔险责任范围内赔付本车车辆损失,不再向责任对方的交强险和商业第三者责任保险进行追偿。

(二)缮制赔款计算书

在经过赔款理算之后,要根据有关单证缮制赔款计算书。赔款计算书是支付赔款的正式凭证,业务人员要详细填写赔款计算书中各栏内容,确保项目齐全、数字正确,损失计算要分险种、分项目计算并列明计算公式。赔款计算书缮制完毕后,经办人员要签章并注明缮制日期,送核赔人审核。表21-1为某保险公司机动车辆保险赔款计算书。

机动车辆保险赔款计算书   表 21-1

保险单号：　　　　　　　　　　　　　　　**立案编号：**

报案编号：　　　　　　　　　　　　　　　**赔款计算书号：**

被保险人		条款类别	
厂牌型号		车辆购置价		事故类别	
号牌号码		车损险保险金额		责任比例	
出险日期	年　月　日	三者险责任限额		免赔比例	
出险地点		保险期限	自 年 月 日 0 时起至 年 月 日 24 时止

分险别赔款计算公式：

交强险：

医疗费用赔偿：

死亡伤残赔偿：

财产损失赔偿：

支付抢救费用(人民币大写)：

垫付抢救费用(人民币大写)：

交强险赔款合计(人民币大写)：

车损险：

三者险：

车上人员责任险：

附加险：

鉴定费：	元	代查勘费：	元	诉讼、仲裁费：	元
其他费用：	元	预付赔款：	元	损余物资/残值金额：	元
商业保险赔款合计(人民币大写)：				元(¥：	元)
赔款总计(人民币大写)：				元(¥：	元)
经理签字：		主管签字：	核赔师签字：		经办人签字：
年　月　日		年　月　日	年　月　日		年　月　日
上级审批意见：					
					年　月　日

四、评价与反馈

1. 自我评价

(1)通过本学习任务的学习,你是否已经知道如下问题的答案?

①车损险该如何理算?

_____。

②商业三者险该如何理算?

_____。

(2)车上人员责任险该如何理算?

_____。

(3)实训过程完成情况如何?

_____。

(4)通过本任务的学习,你认为自己的知识和技能还有哪些欠缺?

_____。

签名:_____   ___年___月___日

2. 小组评价

表21-2为技能评价表。

技能评价表　　　　　　　　　　　　　表21-2

序号	评价项目	评价情况
1	是否能根据损失进行商业车险理算	
2	是否能按照规范完成车险赔款理算书	
3	是否能遵守学习、实训场地的规章制度	
4	是否能保持学习、实训场地整洁	
5	团结协作情况	

参与评价的同学签名:_____   ___年___月___日

3. 教师评价

_____。

签名:_____   ___年___月___日

五、技能考核标准

考核的方式建议用每个人独立完成学习领域中的实训任务,培养学生独立自主完成任务的能力。实训任务综合性较强,可以根据学生完成实训任务的情况评价整个学习领域的学习效果。表21-3为技能考核标准表。

技能考核标准表　　　　　　　　　　表21-3

序号	项目	操 作 内 容	规定分	评 分 标 准	得分
1	商业车险赔款理算	单证审核	5分	完整准确,得分	
2		保险责任判断	5分	判断正确,得分	
3		交强险财产损失赔款理算	10分	计算正确,得分	
4		交强险医疗费用赔款理算	10分	计算正确,得分	
5		交强险死亡伤残赔款理算	10分	计算正确,得分	
6		车损险赔款理算	15分	计算正确,得分	
7		商业三者险赔款理算	20分	计算正确,得分	
8		车上人员责任险赔款理算	15分	计算正确,得分	
9		赔款计算书复核	5分	复核正确,得分	
10		理算任务提交	5分	正确提交,得分	
		总分	100分		

学习任务22　车险的核赔处理

学习目标

☆知识目标

1.掌握核赔流程;

2.掌握核赔案件审核要点;

3.了解结案归档工作内容。

☆**技能目标**

1. 能够识别和防范索赔案件的风险;
2. 能够按流程完成车险理赔案核赔。

☆**课程思政目标**

1. 坚持实事求是的工作作风;
2. 增强行业内外部协作和沟通能力。

建议课时

2课时。

任务描述

李某驾驶车辆由于疏忽大意且采取措施不当发生追尾事故,标的车前部受损,三者车后部受损,路边电线杆受损,且撞伤路边骑车人,导致骑车人经抢救无效死亡,标的车、三者车上均有人员受伤。事故发生后李某报交警处理,经认定标的车负主要责任,三者车负次要责任,骑车人无责任。标的车投保交强险、车损险、三者险、车上人员责任险。本次事故理算完成后,提交核赔人员审核。

一、理论知识准备

核赔是理赔流程的最后一环,也是对赔案是否合理定性定量把关的一环,前面各环节的疏漏将在本环节得到控制,是对接报案、查勘、定损、核价、核损、理算等岗位工作质量的监控,以确保案件真实、准确、合理。在核赔中应结合问题提出实务完善与修改建议,完善理赔流程。

(一)核赔流程

1. 初步了解案件的基本信息

初步了解案件的基本信息是核赔流程的第一步。

2. 单证审核

(1)审核所有索赔单证是否严格按照单证填写规范填写;

(2)审核确认被保险人按规定提供的单证、证明及材料是否齐全有效,有无涂改、伪造;

(3)重要信息涂改是否加盖修正章,签章是否齐全。

3. 责任审核

(1) 被保险人是否有可保利益；

(2) 出险标的是否与保险标的吻合；

(3) 出险原因是否属于保险责任；

(4) 出险时间是否在保险期间内；

(5) 事故责任划分是否合理；

(6) 赔偿责任是否与承保险别相符；

(7) 有无涉及违反被保险人义务或特别约定规定的情况；

(8) 是否涉及代位追偿。

4. 损失审核

(1) 财产损失核定是否合理；

(2) 施救费用确定是否合理；

(3) 残值确定是否合理，是否按规定回收；

(4) 人员伤亡费用核定是否合理；

(5) 其他费用核定是否合理。

5. 赔款理算

(1) 残值是否扣除；

(2) 赔偿比例确定是否正确；

(3) 责任比例确定是否正确；

(4) 免赔额是否应用正确；

(5) 计算公式是否正确；

(6) 计算结果是否正确；

(7) 理算报告是否规范；

(8) 支付信息是否准确；

(9) 增值税专票金额是否与赔付金额一致；票面信息系统录入是否准确。

(二) 核赔案件审核要点

1. 案件中的基本信息审核

1) 出险时间

从出险时间上可以发现以下几类虚假案件：

(1) 实际出险时间早于或晚于保单生效时间，一般对出险时间在保单生效后

15 天内或保单止期前 15 天内的案件要重点审核；

（2）客户错过了及时报案时间，一段时间后以当时时间报案；

（3）客户对不属于赔偿责任的事故，编造出险时间和出现原因，重新报案索取赔偿。

以上几类案件通过审核报案抄单、索赔申请书、查勘报告、事故证明、事故现场及损失照片确认以上材料中出险时间是否一致，如不一致应对此深入调查，了解出险时间不一致的原因；出险时间距离报案时间如大于 48h，根据条款应视为未及时报案，因未及时报案造成损失无法确认或扩大部分，保险公司不承担赔偿责任；照片的拍摄日期如果早于报案时间和出险时间应列为有虚假嫌疑案件进行深入调查。

2）出险地点

在审核案件时，要根据抄单显示的报案信息、查勘照片反映的现场环境、索赔申请书上反映的客户确认的出险地点、事故证明上的出险地点等信息来确认出险的真实地点。对出险地点在郊区或偏僻的道路上，现场无车辆损失痕迹，出现地点在客户指定的修理厂附近的单方事故，有乱石、路卡、钢材或者形状比较特殊的物体以求碰撞痕迹吻合的几类出险地点要重点审核。

3）出险经过

在审核案件时，通过对抄单上报案经过、索赔申请书上的事故经过、查勘报告上的事故经过以及事故证明上的出险经过进行审核，如发现不一致的地方，要对此案重点审核，找出案件中的疑点，同时通过对车损照片或现场照片做碰撞痕迹比照，也能够全面、多角度反映碰撞情况。

2. 确认标的车身份及合规性

1）车牌号

保单抄件、车损照片、事故证明及行驶证等上的车牌号码应一致，如有不一致的需进一步核查原因，确认标的。注意对比牌照颜色，多次出险的，与以前的事故中的照片进行对比，确认出险标的与保险标的符合，防止套牌。

2）车架号、发动机号

保单抄件、车损照片以及行驶证等上所有车架号或发动机号须完全一致，如果有不一致的应上传批单，如没有批单在确认属于录单错误的，应提供出单人员说明。车架号或发动机号不一致分为完全不一致和部分不一致，如果只是少了一位或者多了一位，一般属于录单错误，予以认可；如果车架号或发动机号有多位不一致或者完全不一致的，则一定要调查原因，确认标的说明情况，从照片看标的车发动机号或车架号的字母数字是否均匀整齐、是否规则,以防套牌车骗取赔款。

3)行驶证

行驶证的发证日期应在出险日期之前,同时保证字体清晰完整。

3. 确认人员信息

1)出险驾驶人的确定

首先核对报案记录、索赔申请书、查勘报告、事故证明等上的驾驶人姓名是否一致,如不一致应调查是驾驶人信息填写错误,还是由于出险时标的车驾驶人酒后驾驶或无证驾驶等原因被替换。

2)审核驾驶证的有效性

出险时间应在驾驶证的有效期内;驾驶人的违章扣分值应低于12分;驾驶证的审验不得超过正本的有效期。

3)审核确认标的车驾驶人是否是被保险人允许的

审核驾驶人是否存在未经单位同意开公车出险,或未经被保险人同意私自驾驶标的车出险的情况。

4)可保利益的确认

确定被保险人是否有可保利益,核实出险时行驶证车主与保单抄件显示的投保时记录的行驶证车主是否一致,核实索赔人与被保险人关系,确认标的车是否转卖或转让。

4. 审核相关单证资料及事故照片,确认事故真实性、损失真实性及损失的合理性

1)审核事故真实性

审核查勘现场照片、事故损失照片,确认车辆损坏痕迹与现场是否相符,标的车与三者车的碰撞痕迹是否相符,包括碰撞高度、碰撞力度、残留颜色、周围环境以及碰撞的连贯性、合理性;确定出险原因是否属于保险责任。

2)价值较高的零配件审核

注意审核特别是一些旧车上的零部件,要仔细审核是否是本次事故造成,如要核对安全气囊的编码是否正确,气囊颜色显示是否为新打开的,有无污渍、血迹等。

3)涉及人伤案件审核

核对医疗费发票、诊断证明、出院小结、伤者及护理人员的误工时间、收入证明、伤残鉴定、户籍证明、抚养人及被抚养人等资料,确认各项损失的真实和合

理性。

4)盗抢案件审核

审核行驶证车主与被保险人、使用人是否一致,防止监守自盗;对保险起始日期或终止日期与盗抢时间接近,盗抢险投保金额异常高的要仔细审核;对车辆的行驶证、购车发票等丢失的要认真审核。

5)相同损失审核

对同一标的车多次出险的,应通过查看损失照片、损失清单等材料核实本次出险与历史案件中的出险过程或性质、事故部位及损坏配件等是否相似。

6)道德风险防范

注意审核行驶证上车辆的发证日期及登记日期,对老龄车过户频繁或一年之内刚过户的,特别是使用时间超过12年的老旧车型要重点审核是否存在道德风险(正厂配件价格高昂,配件市场能提供便宜的拆车件),核实事故真实性。对一些损失金额较大事故及多次出险的,注意调查标的车是否在其他公司投保,损失金额较大的,比较是否超过标的车出险时的实际价值。

7)单证真实性审核

如果存在提供的单证(如索赔申请书、事故证明等材料)多次修改,且签字时间比较集中,要核实单证的真实性。单证模糊或有明显的涂改,证明材料、赔偿收据及其他相关材料签名应该一致的却不一致,应该由不同人员签名的反而一致等,都会影响单证有效性、保险责任的确定以及保险损失的确定。

审核事故证明、法院出具的判决书或调解书以及仲裁机构出具的裁定书等材料,确认事故责任划分是否合理、被保险人承担的损失是否合理。

8)使用性质审核

按非营运性质投保的标的车,要根据行驶证上车辆使用性质、运输合同、查勘报告上记录的标的车出险时的使用性质以及事故证明、查勘报告、询问笔录上的事故经过的表述,来确认出险时标的车是否营运。

9)审核索赔时效

根据索赔申请书上的客户提供索赔资料时间以及事故结案时间确认是否超过索赔时效。

5. 标的车损失确认需审核的信息

1)更换配件防范审核

对于用与标的车型相同或相近的损坏的车辆配件替换标的车在事故中没有损坏但理论上可能损坏的配件的,要仔细查看损坏配件与其他配件的新旧程度是否一致,螺栓、螺孔以及其他安装配件的部位是否有新拆卸的痕迹。

2) 人为扩大损伤范围

审核有无非本次事故的损失,主要根据报案记录、索赔申请书等材料上的事故经过来确定出险时事故车辆的碰撞位置、碰撞力度,以此来确定可能造成的事故损失。

3) 非保险责任损失

审核哪些损失是车辆本身故障所造成的的损失,哪些是车辆正常使用过程中零件自然磨损、老化造成的损失;哪些是使用、维护不当造成的损失;哪些是损伤发生后没有及时进行维护修理导致损失扩大造成的损失。

6. 三者车物身份确认需审核的信息

查看三者车行驶证,确认三者车行驶证车主与被保险人名称是否一致,根据查勘记录及案件中的其他资料确认三者财产的所有人或管理人是否与被保险人一致。对于三者车或物和标的车被保险人为同一人的,按照保险条款不赔三者损失。

7. 审核赔偿金额计算是否准确

仔细审核保单抄件,确认保单信息,审核车损险计算是否按规定扣除从第三方获得的赔偿金额和绝对免赔额,审核施救费用计算是否正确;审核三者险、车上人员责任险是否按事故责任比例计算赔款,是否按规定扣除交强险应承担部分,有无未经保险人书面同意,被保险人自行承诺或支付的赔偿金额。

8. 规范赔款支付

1) 赔款支付对象审核

涉及第三者责任险赔付的车险案件,审核时需注意以下3点:

(1) 被保险人能提供已向第三者支付赔款的凭据,可在其已支付金额内,向被保险人支付赔款;

(2) 被保险人不能提供已支付凭据时,第三者责任险赔款不能直接支付给被保险人。有被保险人、保险人、第三者三方签署书面协议的,可按协议执行。

(3) 被保险人怠于请求的,第三者有权就其应获赔偿部分直接向保险人请求赔偿保险金。此种情况下,可以直接向第三者支付赔款。

2) 预赔、预付案件

(1) 需保险人预赔/预付抢救费用时,赔款支付对象应为进行抢救的医院;

(2) 因三者损失金额大、被保险人无力支付而需预赔/预付时,建议由被保险人、保险人、受害方三方签署书面协议,明确支付对象后再予支付。

二、任务实施

1. 准备工作

（1）准备车险事故理赔案例素材；

（2）检查实训室计算机、车险软件系统是否正常工作。

2. 技术要求与注意事项

（1）按规范操作车险理赔系统；

（2）按步骤车险理赔案例核损。

3. 操作步骤

（1）登录车险理赔系统，接受核赔任务；

（2）初步了解案件的基本信息；

（3）审核单证是够齐全规范；

（4）审核责任判定是否合理；

（5）审核损失确定是否合理；

（6）审核理算书是否准确规范；

（7）审核通过结束任务。

三、学习拓展

（一）自动初核/核损

查勘员录入赔款信息，根据风险控制提示，可作适当修改，判断是否满足自动初核规则。符合自动初核规则的，自动审核核损活动。自动初核规则如下：

（1）定损单风险控制报告。设置绿线库，对自动结案规则中已设置细化规则风险控制内容的不做拦截，其余触发风险报告的均拦截。

（2）智能定损平台数据运用。工时标准、配件价格标准、VIN 定型、一车一件等。

（3）维修厂真实性。

（二）自动复核/理算核赔

二期自动理算优化，当系统理算与机构理算一致时直接支付。自动复核规则如下：

（1）收款人资质。自动结案不限于被保险人收款。

(2)理算金额的校验(与查勘录入的整案金额比对)。

(3)支持赔款赔付多个收款人。

(4)账户合理性银行卡编码规则。

四、评价与反馈

1. 自我评价

(1)通过本学习任务的学习,你是否已经知道如下问题的答案?

核赔时,责任审核的内容有哪些?

_____。

核赔时,损失审核的内容有哪些?

_____。

(2)核赔时,赔款理算审核的内容有哪些?

_____。

(3)实训过程完成情况如何?

_____。

(4)通过本任务的学习,你认为自己的知识和技能还有哪些欠缺?

_____。

签名:_____   ___年___月___日

2. 小组评价

表 22-1 为技能评价表。

技能评价表　　　　　　　　　表 22-1

序号	评价项目	评价情况
1	是否按规范操作车险理赔系统	
2	是否按步骤完成车险理赔案例核损	
3	是否能遵守学习、实训场地的规章制度	
4	是否能保持学习、实训场地整洁	
5	团结协作情况	

参与评价的同学签名:_____   ___年___月___日

3.教师评价

_____。

签名：_____ ___年___月___日

五、技能考核标准

考核的方式建议用每个人独立完成学习领域中的实训任务,培养学生独立自主完成任务的能力。实训任务综合性较强,可以根据学生完成实训任务的情况评价整个学习领域的学习效果。表22-2为技能考核标准表。

技能考核标准表　　　　　表22-2

序号	项目	操作内容	规定分	评分标准	得分
1	车险的核赔处理	接受核赔任务	10分	操作正确,得分	
2		初步了解案件的基本信息	10分	操作正确,得分	
3		审核单证是否齐全规范	10分	操作正确,得分	
4		审核责任判定是否合理	20分	操作正确,得分	
5		审核损失确定是否合理	20分	操作正确,得分	
6		审核理算书是否准确规范	20分	操作正确,得分	
7		审核通过结束任务	10分	结论正确,得分	
		总分	100分		

参 考 文 献

［1］白建伟,吴友生.汽车碰撞分析与估损[M].北京:机械工业出版社,2018.

［2］徐毅刚,谭志福.道路交通事故处理新论[M].2版.山东:山东人民出版社,2011.

［3］王旭荣,彭莹,许海东.汽车保险与理赔实务[M].北京:北京出版集团有限责任公司,2019.

［4］王俊喜,郑瑞娜.汽车保险与理赔[M].北京:机械工业出版社,2019.

［5］毛矛,张鹏九.汽车评估实务[M].北京:机械工业出版社,2008.

［6］王云鹏.车辆保险与理赔[M].北京:机械工业出版社,2003.

［7］杜秀菊,纪世才.二手车鉴定与评估使用教程[M].北京:机械工业出版社,2018.

［8］彭莹,王旭荣.《汽车保险与理赔》教学资源数字化建设研究[J].当代教育实践与教学研究,2018(4):30.

［9］Michael Crandell.事故汽车修理评估[M].许洪国,等,译.北京:高等教育出版社,2004.